쉬지 않는 기도 동행 31

쉬지 않는 기도 동행 31

© 김석년

초판 1쇄 발행 | 2022년 05월 20일
초판 3쇄 발행 | 2024년 03월 08일

지은이 | 김석년
발행인 | 강영란
편집 | 박관용, 권지연
디자인 | 트리니티
마케팅 및 경영지원 | 이진호

펴낸곳 | 샘솟는기쁨
주소 | 서울시 충무로 3가 59-9 예림빌딩 402호
전화 | 대표 (02)517-2045
팩스 | (02)517-5125(주문)

이메일 | atfeel@hanmail.net
홈페이지 | https//blog.naver.com/feelwithcom
페이스북 | https//www.facebook.com/publisherjoy
출판등록 | 2006년 7월 8일

ISBN 979-11-89303-72-3(02200)

쉬지 않는
기도 동행 31

김석년 지음

샘솟는
기쁨

쉬지 않는 기도 동행에
초대합니다

"세상에서 가장 좋은 것은 하나님께서 우리와 함께 하신다는 사실이다."_존 웨슬리

동행과 쉬지 않는 기도

하나님은 세상 끝날까지 우리와 함께하신다고 약속하셨다(마 28:20, 요 14:16). 문제는 우리에게 달렸다. 우리가 하나님과 함께해야 한다. 바쁘고 분주한 일상에 찌든 우리가, 죄인이요 연약한 인간인 우리가 어떻게 일 년 365일 하나님과 동행할 수 있을까?

하나님과의 동행은 두 가지로 가능하다. 매일 말씀을 체득하는 것과 쉬지 않고 기도하는 것이다. 매일 말씀 묵상이 동행의 기초라면, 쉬지 않는 기도는 동행의 방법이라고 할 수 있다. 매일 말씀을 묵상할 때 우리는 하나님과의 동행을 위해 오늘 어떻게 살아야 하는지 알게 된다. 쉬지 않고 기도할 때 우리는 일상에서 하나

님과의 동행을 실제로 경험하게 된다. 매일 말씀 묵상이 365일 동행의 '각성화 작업'이라면 쉬지 않는 기도는 365일 동행의 '실제화 작업'이다.

쉬지 않는 기도란

하나님과의 동행에 기도보다 더 좋은 방법은 없다. 그렇다면 우리는 어떻게 '항상 깨어'(눅 21:36) 쉬지 않는 기도(살전 5:17)를 할 수 있을까? 쉬지 않는 기도는 내 마음의 생각과 시선을 하나님께 고정하고, 마음으로 끊임없이 하나님과 대화하는 것이다. 쉬지 않는 기도를 위해서는 무엇보다 '생각'이 중요하다. 생각이 항상 하나님께 고정되어 있어야, 마음과 입과 삶으로 끊임없이 기도할 수 있다. 물론 쉬운 일은 아니다. 막연하게 생각해서는 절대로 불가능한 일이다. 이를 위해서는 쉬지 않고 기도할 수 있는 구체적이고 구조적인 틀이 있어야 한다. 쉬지 않는 기도를 위한 세 가지 구조적 틀을 제시한다.

첫째 '정시기도(定時祈禱)'이다. 정해진 시간에 내 마음의 생각을 하나님께 고정하는 것이다. 곧 하루 세 번(아침 정오 밤) 시간을 정해 사도신경, 십계명, 주기도로 기도하는 것이다. 기독교 신앙의 표준이 되는 사도신경, 십계명, 주기도로 기도할 때 우리의 기도는 나의 소원을 넘어 하나님 나라를 향하게 되고, 우리의 신앙은 더 깊고 성숙하게 된다.

둘째 '항시기도(恒時祈禱)'이다. 때마다 시마다 끊임없이 하나님을 부르고 하나님과 대화하는 것이다. 곧 네 마디 하나님의 이름 (하나님 아버지, 키리에 엘레이손, 파라클레토스, 예수 그리스도)을 끊임없이 마음과 입술로 읊조리는 것이다. 그래서 항시기도를 '성호기도(聖號祈禱)' 또는 '단숨기도'라고 부르기도 한다.

셋째 '일상기도(日常祈禱)'이다. 우리는 매일 네 가지를 하며 산다. 밥 먹고, 일하고, 사람 만나고, 죄짓고 산다. 이는 우리가 죽을 때까지 끊임없이 반복하며 사는 '일상의 사건'들이다. 이 일상의 사건들을 기도로 마주할 때, 곧 식사기도, 일과기도, 중보기도, 회개기도로 감당할 때 우리의 믿음은 마음과 입술을 넘어 손과 발, 삶의 자리로 체화(體化)하게 된다.

쉬지 않는 기도를 위해서는 위의 세 가지가 조화를 이루어야한다. 즉 온종일 정시기도와 항시기도를 순환 반복하며, 일상에서 식사기도, 일과기도, 중보기도, 회개기도를 드릴 때 우리는 하나님과 온전하고 친밀한 동행을 누릴 수 있다.

쉬지 않는 기도의 하루 루틴

『쉬지 않는 기도 동행 31』은 바로 이 훈련을 위하여, 정확히 말하자면 날마다 하나님과 동행하고 싶은 나의 필요에 의해서 탄생했다. 특히 이 책은 정시기도를 어려워하는 그리스도인들을 위해 한 달 동안 정시기도를 체득할 수 있도록 고안되어 있다.

1~10일까지는 사도신경, 십계명, 주기도를 중심으로 정시기도를 할 수 있도록 되어 있다. 11~31일까지는 이를 바탕으로 아침에는 중보기도, 정오에는 일과기도, 밤에는 회개기도 하도록 엮어놓았다. 더하여 일상에서 반복해야 할 네 마디 항시기도와 식사기도의 샘플도 넣어 두었다. 쉬지 않는 기도는 하나님께 내 생각이 고정되도록 매일 영적 삶의 루틴(routine)을 훈련할 때 가능해진다.

이를 바탕으로 쉬지 않는 기도로 이어가는 하루 루틴은 대략

이렇다.
- **아침** 눈뜨자마자, 사도신경으로 하루를 연다.
- 시간을 정해 아침 정시기도(사도신경, 중보기도)를 한다.
- 오전 중 끊임없이 순간순간 성호기도를 한다.
- **점심** 식사 후, 정오 정시기도(십계명, 일과기도)를 한다.
- 오후 중 끊임없이 순간순간 성호기도를 한다.
- **밤** 시간을 정해 밤 정시기도(주기도, 회개기도)를 한다.
- 잠자리에 들면서 주기도로 하루를 닫는다.

태도가 중요하다

이때 하루를 마감하며 '쉬지 않는 기도 일기'를 쓰는 것이 큰 도움이 된다. 기도 일기란 일기와는 다르다. 그날 있었던 어떤 한 사건, 한 만남에 대해 하나님께 기도하는 내용을 쓰는 것이다. 곧 글로 쓰는 기도이다. 어느 날 적었던 나의 기도 일기를 나눠본다. 그날 사랑하는 친구 최인식 목사가 '거대한 착각'이란 주제의 설교를 했다. 큰 울림과 회개가 있었다.

"하나님 아버지, 외적인 직위와 성취에 취해 나의 내적 실상을 제대로 보지 못했습니다. 사실은 곤고하고 가련하고 눈멀고 벌거벗었는데, 부요하고 잘 살고 있다고 라오디게아교회처럼 거대한 착각을 하고 살았습니다. 키리에 엘레이손, 주여 나를 불쌍히 여기소서. 이제는 가난한 마음과 청결한 양심으로 오직 주님만 바라보고 동행하기를 원합니다. 육신은 쇠하여지나 속 사람은 날로 새롭고 강건해지도록, 파라클레토스 성령이시여, 나를 도우시고 인도하소서. 아멘." (2022. 3. 6.)

누군가는 '적자 생존'이라는 말을 하기도 한다. 쓴다는 것은 기억하는 것이고, 정리하는 것이고, 반성하는 것이고, 내일을 준비하는 것이고, 역사에 남기는 것이다. 더욱이 기도를 쓰는 것은 하나님 앞에서 내 하루, 내 생각, 내 마음을 정리하고 돌아본다는 점에서 하나님과 동행하고, 믿음이 성숙하는 데 큰 유익을 준다.

무엇을 하든 태도가 중요하다. 성공의 97%는 태도가 결정한다고 한다. 태도가 어떠하냐에 따라 일이 성취되기도 하고 그렇지 않기도 하는 것이다. 이 책을 사용할 때 최소한 세 가지 태도를 준비해야 한다.

하나, 겸손하게 따라 하라. 내 경험 내 지식으로 비판하지 말고 이 책을 따라 어린아이처럼 소박하게 그대로 기도하라. 겸손한 자만이 배울 수 있고, 쉬지 않는 기도의 세계로 들어갈 수 있다.

둘, 욕심부리지 마라. 처음부터 급하게 이것저것 변경해서 하지 말고 제시된 샘플 기도로 단순하게 기도하라. 기도문의 구조를 익히고 외우도록 하라. 그 후 성령의 감화를 따라 기도문의 주제와 내용을 토대로 자유롭게 나의 기도를 보태어 갈 수 있을 것이다.

셋, 꾸준히 하라. 무엇이든 체득이 되려면 100일은 연습해야 한다. 그래야 내 몸에 새겨지는 것이다. 그렇게 꾸준히 하다 보면 눈이 열려 어느새 플러스알파를 창조해 낼 수 있다. 하기로 했으면 꾸준히 하는 것이 실력이고, 그래야 열매를 맺는다.

오직 사랑으로 행하라
세상에 하루아침에 이루어지는 것은 없다. 쉬지 않는 기도 역시 어느 날 은혜받았다고 갑자기 되는 일이 아니다. 꾸준한 경건의 훈련이 뒤따라야 한다. 이제 우리는 쉬지 않는 기도가 어떻게 가능할 수 있는지 알았다. 쉬지 않는 기도는 정시기도, 항시기도, 일상기도로 이루어진다. 여기에 기도의 하루 루틴이 있음을 본다. 이제 이 방향으로 가면 된다. 꼭 이대로 못한다 해도 괜찮다. 잊고 못할 때가 있고, 부담되어 하기 싫을 때도 있을 것이다. 그런 날은 "키리에 엘레이손, 주여 불쌍히 여기소서." 하고 안 해도 된다.

억지로 하지 말고 먼저 하나님 사랑을 회복하라. 예수 십자가 대속의 은혜를 생각하라. 찬송을 부르는 것이 하나님 사랑을 회복하는 데 큰 도움이 된다. 사랑이 회복되면 다시 즐거움으로 기도의 루틴으로 나아가게 될 것이다. 천천히 꾸준히 즐기면서 성령님과 함께 이 방향으로 가는 것이다. 주 예수 그리스도를 갈망하는 그 사랑으로 모든 것을 행하라. 하나님을 사랑하면, 사랑이 회복되면 즐겨 쉬지 않고 기도하게 된다.

아무쪼록 이 작은 책이 우리 모두를 쉬지 않는 기도로 인도하여 날마다 항상 하나님과 동행하는 일에 쓰임받는다면 나로서는 더없는 기쁨과 영광이 될 것이다.

"오직 너희의 하나님 여호와께 가까이 하기를 오늘까지 행한 것 같이 하라"_수 23:8

2022 부활의 계절에
日殉 김석년

이 워크북은 쉬지 않는 기도를 훈련하기 위해 고안된 기도문 모음집이다. 기도 생활을 시작하고 싶은 사람, 다시 새롭게 하고 싶은 사람, 나아가 쉬지 않고 기도하기를 습득(習得), 터득(攄得), 체득(體得)하기 원하는 사람은 다음 열 가지를 숙지하자.

하나, 먼저 『쉬지 않는 기도』를 한 번 이상 반드시 완독하라.
둘, 이 책을 소지하고 아침, 정오, 밤마다 시간을 정해 정시기도하라.
셋, 정시기도를 처음 시작할 때는 제시된 기도문을 그대로 고백하라.
넷, 정시기도 사이에 하루 최소 서른 번 이상 네 마디의 항시기도를 드려라.
다섯, 사도신경, 십계명, 주기도 전문을 고백하고 정시기도하면 더 좋다.
여섯, 함께 제시된 말씀과 찬양을 적극적으로 활용하라.
일곱, 잊거나 부득이한 사정으로 놓쳤더라도 때에 맞춰 다시 시작하라.
여덟, 연습 기간 동안 나의 영적, 외적 변화를 간단하게 기록하라.
아홉, 하나님을 향한 사랑으로 언제 어디서나 기도를 시작하라.
열, 일평생 죽는 순간까지 기도자로 살 것을 다짐하라.

"기도는 모든 것을 변화시킨다. 무엇보다 내 자신을 그리스도를 닮은 존재로 변화시킨다."

차례

중보기도 일과기도 리스트

	중보기도	일과기도
11일	교회를 위한 기도	오후를 시작하는 기도
12일	담임목회자를 위한 기도	인도를 위한 기도
13일	직분자를 위한 기도	완전한 위탁의 기도
14일	교사를 위한 기도	평온을 구하는 기도
15일	한국 교회를 위한 기도	참된 사랑을 위한 기도
16일	나라를 위한 기도	선용을 위한 기도
17일	대통령을 위한 기도	업무를 위한 기도
18일	공직자를 위한 기도	매임에서 벗어나는 기도
19일	나라 지킴이를 위한 기도	행복을 누리는 기도
20일	통일을 위한 기도	성숙을 위한 기도
21일	북한을 위한 기도	관계를 위한 기도
22일	가정을 위한 기도	주님을 향한 세 가지 기도
23일	배우자를 위한 기도	쓰임 받기를 구하는 기도
24일	자녀를 위한 기도	합당한 말을 위한 기도
25일	부모님을 위한 기도	성공을 위한 기도
26일	형제자매를 위한 기도	범사에 감사 기도
27일	세계 선교를 위한 기도	출입을 위한 기도
28일	선교사를 위한 기도	나의 구원을 위한 기도
29일	예비 신자를 위한 기도	열림을 위한 기도
30일	병든 자를 위한 기도	바른 삶을 위한 기도
31일	고난받는 자를 위한 기도	주의 일을 위한 기도

Day 01 - Day 10

사도신경
십계명
주기도로 드리는
정시기도

말씀

나는 주의 힘을 노래하며 아침에 주의 인자하심을 높이 부르오리니
주는 나의 요새이시며 나의 환난 날에 피난처심이니이다(시 59:16)

찬양

주의 인자는 끝이 없고 그의 자비는 무궁하며
아침마다 새롭고 늘 새로우니
주의 성실이 큼이라 성실하신 주님

샘플 기도

아, 행복한 새날입니다. 감사합니다.
오늘도 하나님의 사랑받은 자로서 자녀답게 살겠습니다.
이 아침, 주님을 향한 나의 신앙을 다시 새롭게 고백합니다.

전능하신 아버지 하나님, 천지의 창조주를 믿습니다.
그의 유일하신 아들, 우리 주 예수 그리스도를 믿습니다.
그는 성령으로 잉태되어 동정녀 마리아에게서 나시고
본디오 빌라도에게 고난을 받아 십자가에 못박혀 죽으시고
장사된 지 사흘 만에 죽은 자 가운데서 다시 살아나셨으며
하늘에 오르시어 전능하신 아버지 하나님 우편에 앉아 계시다가
거기로부터 살아있는 자와 죽은 자를 심판하러 오십니다.
나는 성령을 믿으며
거룩한 공교회와 성도의 교제와 죄를 용서받는 것과

몸의 부활과 영생을 믿습니다. 아멘.

오 주 하나님
오늘 하루 언제 어디서나 무엇에든지
신앙고백적 삶을 살게 하시어
오늘도 나로 인하여 주의 나라 주의 뜻 이루어지게 하소서.

예수님의 이름으로 기도합니다. 아멘.

나의 기도

말씀

주의 말씀의 맛이 내게 어찌 그리 단지요 내 입에 꿀보다 더 다니이다
주의 법도들로 말미암아 내가 명철하게 되었으므로 모든 거짓 행위를 미워하나이다
주의 말씀은 내 발에 등이요 내 길에 빛이니이다(시 119:103-105)

찬양

주님 약속하신 말씀 위에서 영원토록 주를 찬송하리라
소리 높여 주께 영광 돌리며 약속 믿고 굳게 서리라
굳게 서리 영원하신 말씀 위에 굳게 서리
굳게 서리 그 말씀 위에 굳게 서리라(찬 546)

샘플 기도

오 하나님 아버지,
우리에게 신실한 사랑의 법도를 베푸셔서
하나님 백성으로 하루하루 살아가게 하시니
감사와 찬양을 올려드립니다.

오전에도 은혜로 살았습니다. 감사합니다.
그럼에도 때때로 원치 않는 실수와 죄를 범했으니
키리에 엘레이손, 나를 불쌍히 여기소서.

이제 오후 시간도 하나님 자녀로 합당하게 살기 원합니다.
나를 도우소서.

하나님 외에 다른 신을 섬기지 않겠습니다.
우상을 섬기지 않겠습니다.
하나님의 이름을 망령되게 하지 않겠습니다.
주일을 기억하여 거룩히 준비하겠습니다.
부모님을 공경하겠습니다. 살인하지 않겠습니다.
간음하지 않겠습니다. 도둑질하지 않겠습니다.
거짓말하지 않겠습니다. 탐욕하지 않겠습니다.

오 주 하나님, 내 힘으로 불가하오니 십자가 사랑을 부어주셔서
남은 하루도 저로 인하여 주의 나라 주의 뜻 이루어지게 하소서.

예수님의 이름으로 기도합니다. 아멘.

나의 기도

제1일 밤의 기도

말씀
또 기도할 때에 이방인과 같이 중언부언하지 말라
그들은 말을 많이 하여야 들으실 줄 생각하느니라 그러므로 그들을 본받지 말라
구하기 전에 너희에게 있어야 할 것을 하나님 너희 아버지께서 아시느니라 (마 6:7-8)

찬양
기도하는 이 시간 주께 무릎 꿇고 우리 구세주 앞에 다 나아가네
믿음으로 나가면 주가 보살피사 크신 은혜를 주네 거기 기쁨 있네
기도 시간에 복을 주시네 곤한 내 마음 속에 기쁨 충만하네 (찬 361)

───────── 샘플 기도 ─────────

오늘도 은혜로 살았습니다.
감사합니다.
이 하루 주께서 행하신 모든 일에
찬양과 영광을 돌립니다.

주님 뜻대로 살기에도 부족한 하루임에도
나의 연약함으로 실수한 것 많사오니
키리에 엘레이손, 주여 저를 긍휼히 여기소서.
이 밤에 주께서 친히 가르쳐 주신 기도로 간구하오니 받으시옵소서.

하늘에 계신 우리 아버지
아버지의 이름을 거룩하게 하시며
아버지의 나라가 오게 하시며

아버지의 뜻이 하늘에서와 같이 땅에서도 이루어지게 하소서.
오늘 우리에게 일용할 양식을 주시고
우리가 우리에게 잘못한 사람을 용서하여 준 것 같이
우리 죄를 용서하여 주시고
우리를 시험에 빠지지 않게 하시고 악에서 구하소서.
나라와 권능과 영광이 영원히 아버지의 것입니다. 아멘.

오 주 하나님, 우리의 힘으로 불가하오니
보혜사 성령의 능력으로
이 밤에도 주의 나라 주의 뜻 이루어지게 하소서.

예수님의 이름으로 기도합니다. 아멘.

나의 기도

나는 전능하신 아버지 하나님

말씀

너의 하나님 여호와가 너의 가운데에 계시니 그는 구원을 베푸실 전능자이시라
그가 너로 말미암아 기쁨을 이기지 못하시며 너를 잠잠히 사랑하시며
너로 말미암아 즐거이 부르며 기뻐하시리라 하리라(습 3:17)

찬양

좋으신 하나님
좋으신 하나님
참 좋으신 나의 하나님

샘플 기도

오 하나님 아버지,
사도들로부터 전승된 신앙고백을 통하여
성부 성자 성령 삼위일체 하나님을 마음으로 믿고
입으로 고백하게 하시니 감사와 찬양을 드립니다.

스스로 계시는 전능하신 하나님
여호와 주만이 하나님이고, 구원자이십니다.
평생에 오직 여호와만을 높이고 찬양하며 섬기고자 하오니
오늘 이 아침, 나의 찬양과 경배와 인생을 받으시옵소서.

오, 파라클레토스 성령이시여

날마다 아버지 하나님과 더 친밀하게 지내는 자녀 되게 하소서.
먼저 하나님을 구하고 하나님만을 섬기며 범사에 감사하게 하소서.
고난 중에도 하나님을 더욱 신뢰하고
매사에 구별된 하나님 자녀로서 거룩하게 살게 하소서.

성부 성자 성령 삼위일체 하나님
세세 무궁토록 영광을 받으소서!

예수님의 이름으로 기도합니다. 아멘.

나의 기도

너는 나 외에는 다른 신들을 네게 두지 말라

말씀

이스라엘아 들으라 우리 하나님 여호와는 오직 유일한 여호와이시니
너는 마음을 다하고 뜻을 다하고 힘을 다하여 네 하나님 여호와를 사랑하라(신 6:4-5)

찬양

나 무엇과도 주님을 바꾸지 않으리 다른 어떤 은혜 구하지 않으리
오직 주님만이 내 삶에 도움이시니 주의 얼굴 보기 원합니다
주님 사랑해요 온 맘과 정성 다해 하나님의 신실한 친구되기 원합니다

샘플 기도

하나님 아버지,
이 세상 창조자요 구원자이신 여호와 하나님을
비천한 우리에게 계시해 주시니
오직 주님께 찬양과 영광을 올려 드립니다.

오직 여호와만이 하나님이시고
우리 예배의 대상이십니다.
사는 날 동안 하나님만을 높이고 경배하게 하소서.
마음과 뜻과 힘과 목숨을 다해 하나님만 사랑하길 원하오니
오 성령이시여, 나에게 계시의 영을 더하여 주옵소서.

내 모든 것을 아낌없이 하나님께 드리오니

내 인생을 주관하시고
내 마음을 새롭게 하셔서
날마다 평안과 환희에 찬 구원의 노래가 울리게 하소서.
나와 내 집은 오직 하나님만 섬기겠습니다.

예수님의 이름으로 기도합니다. 아멘.

나의 기도

하늘에 계신 우리 아버지

말씀

이같이 너희 빛이 사람 앞에 비치게 하여 그들로 너희 착한 행실을 보고
하늘에 계신 너희 아버지께 영광을 돌리게 하라(마 5:16)

찬양

아버지 사랑합니다
아버지 경배합니다
아버지 채워주소서
당신의 사랑으로

샘플 기도

전능하신 창조주 하나님,
본질상 진노의 자녀인 우리를 구원하시고
친밀한 아바 아버지가 되어주심에
감사와 찬양을 올려드립니다.

주께서 아버지이시니 나는 두렵지 않습니다.
부족하지 않습니다.
염려하지 않습니다.
아버지께서 언제든 선하고 복되게 인도하심을 믿습니다.

하나님 아버지

내게 은혜를 주사 하나님을 더 알게 하시고
아버지를 닮은 성품으로 무엇에든 선하고 의롭고 진실하게 행하여
하나님을 영화롭게 하는 거룩한 자녀로 살게 하소서.

하늘에 계신 우리 아버지여
자녀들을 성령 안에서 하나 되게 하시고
이 땅 모든 자들이 하나님을 아버지로 부르는
그날이 속히 오도록 우리를 빛의 자녀로 사용하여 주소서.

예수님의 이름으로 기도합니다. 아멘.

나의 기도

천지의 창조주를 믿습니다

말씀
이는 만물이 주에게서 나오고 주로 말미암고 주에게로 돌아감이라
그에게 영광이 세세에 있을지어다 아멘(롬 11:36)

찬양
주 하나님 지으신 모든 세계 내 마음 속에 그리어 볼 때
하늘의 별 울려 퍼지는 뇌성 주님의 권능 우주에 찼네
주님의 높고 위대하심을 내 영혼이 찬양하네
주님의 높고 위대하심을 내 영혼이 찬양하네(찬 79)

✦ ─────── (샘플 기도) ───────

하나님 아버지,
존재의 근원이시고, 창조주이시며, 역사의 주관자이신 주님께
찬양과 경배와 영광을 드립니다.
인생의 제일원리는 창조주 하나님을 믿고 섬기는 것이니
먼저 신령과 진정으로 예배하는 자가 되게 하소서.

오 주 하나님, 나만의 부르심의 사명을 발견하게 하시어
천천히 꾸준히 즐기면서 주님과 함께 그 길 가게 하소서.
때때로 이해할 수 없는 고난이 있을지라도
모든 것을 합하여 선으로 이끄시는 하나님의 섭리를 믿고
더욱 기도로, 감사로, 십자가 사랑으로 살아가도록 이끌어 주소서.

보혜사 성령이시여
우리의 눈과 귀를 열어 만물의 탄식 소리를 듣게 하시며
믿음으로 마음으로 행동으로 응답하게 하소서.
생각은 크게 하고, 나부터, 할 수 있는 것부터
작은 것부터, 바로 지금 행하게 하시어
저로 인하여 주의 나라 주의 뜻이 바로 서게 하소서.

만물이 다 주께로부터 나오고, 주께로 돌아감이니
세세 무궁토록 영광을 받으시옵소서.

예수님의 이름으로 기도합니다. 아멘.

나의 기도

너를 위하여 새긴 우상을 만들지 말고 또 위로 하늘에 있는 것이나
아래로 땅에 있는 것이나 땅 아래 물 속에 있는 것의 어떤 형상도
만들지 말며 그것들에게 절하지 말며 그것들을 섬기지 말라

말씀

아버지께 참되게 예배하는 자들은 영과 진리로 예배할 때가 오나니 곧 이 때라
아버지께서는 자기에게 이렇게 예배하는 자들을 찾으시느니라
하나님은 영이시니 예배하는 자가 영과 진리로 예배할지니라(요 4:23-24)

찬양

완전하신 나의 주 의의 길로 날 인도하소서
행하신 모든 일 주님의 영광 다 경배합니다
예배합니다 찬양합니다 주님만 날 다스리소서
예배합니다 찬양합니다 주님 홀로 높임 받으소서

샘플 기도

하나님 아버지,
우리를 사랑하사 독생자 예수 그리스도를 보내시고
성령으로 믿어 하나님 자녀를 삼아 주셔서
자유와 풍성을 누리게 하시니 감사와 찬양을 드립니다.

그럼에도 욕심과 교만에 눈이 가려
좋으신 하나님을 우상으로 바꾸며 살았던
우리의 무지함을 용서하소서.

오 성령이시여
하나님을 축소하는 불신의 우상에서
하나님을 대체하는 혼합의 우상에서
하나님을 이용하는 미신의 우상에서 우리를 지켜주소서.

이제는 우상에서 완전히 떠나 하나님만 바르게 예배하기 원합니다.
하나님은 영이시니 영과 진리로 예배하기 원합니다.
이 마음 이 결단 지켜주셔서 자손대대 형통한 자로 삼으시고
언제든 주의 나라 주의 교회를 위해 사용하여 주소서.

예수님의 이름으로 기도합니다. 아멘.

나의 기도

제3일 밤의 기도

아버지의 이름을 거룩하게 하시며

말씀
만일 누가 말하려면 하나님의 말씀을 하는 것 같이 하고
누가 봉사하려면 하나님이 공급하시는 힘으로 하는 것 같이 하라
이는 범사에 예수 그리스도로 말미암아 하나님이 영광을 받으시게 하려 함이니
그에게 영광과 권능이 세세에 무궁하도록 있느니라 아멘(벧전 4:11)

찬양
약할 때 강함 되시네 나의 보배가 되신 주 주 나의 모든 것
주 안에 있는 보물을 나는 포기할 수 없네 주 나의 모든 것
예수 어린양 존귀한 이름 예수 어린양 존귀한 이름

샘플 기도

하나님 아버지,
예수 놀라운 그 이름을 계시해 주셔서
그 이름으로 우리가 하나님을 알고 구원을 얻어
하나님 자녀로 풍성한 삶을 살게 하시니 감사합니다.

거룩하신 하나님 아버지
나로 인해 주의 이름이 거룩해지기 원합니다.
언제나 먼저 예배드림으로 주의 이름이 거룩해지기 원합니다.
그리스도의 교회가 세워지므로 주의 이름이 거룩해지기 원합니다.
우리의 거룩한 삶을 통하여 주의 이름이 거룩해지기 원합니다.

언제 어디서나 무엇에든지 사랑받는 자, 칭찬받는 자로 살아
나로 인하여 주의 나라 주의 뜻이 이루어지며
주의 이름이 높임받기를 원합니다.
세세 무궁토록 주님의 이름만 영광을 받으소서.

예수님의 이름으로 기도합니다. 아멘.

나의 기도

나는 그의 유일하신 아들, 우리 주 예수 그리스도를 믿습니다

말씀

주는 그리스도시요 살아 계신 하나님의 아들이시니이다(마 16:16)

찬양

예수 우리 왕이여 이곳에 오소서
보좌로 주여 임하사 찬양을 받아주소서
주님을 찬양하오니 주님을 경배하오니
왕이신 예수여 오셔서 좌정하사 다스리소서

샘플 기도

오 하나님 아버지,
성자 예수님을 세상에 보내셔서
그리스도 나의 주로 믿게 하시고
하나님 자녀로 구원받게 하시니 감사와 찬양과 영광을 돌립니다.

예수님은 그리스도 나의 주 하나님이십니다.
날마다 더욱 주의 이름을 높이고 찬양하며 전하기 원합니다.
언제 어디서나 무엇에든지 신앙고백적 삶을 살고자 하오니
성령이시여, 절대 불변하는 강한 믿음을 더하시옵소서.

삶이 고달플지라도 예수 그리스도 나의 주님을 진실로 믿어
어떤 시련과 환난도 넉넉히 이기는 구원을 보게 하소서.

오 주 하나님, 뜨겁게 믿는 자 되게 하소서.
큰 믿음, 산 믿음, 오직 믿음의 사람으로 날마다 일어나게 하소서.

예수, 나의 주 그리스도 하나님
주님 밖에는 나의 복이 없나이다.

예수님의 이름으로 기도합니다. 아멘.

나의 기도

너는 네 하나님 여호와의 이름을 망령되게 부르지 말라

말씀
왕이신 나의 하나님이여 내가 주를 높이고 영원히 주의 이름을 송축하리이다
내가 날마다 주를 송축하며 영원히 주의 이름을 송축하리이다(시 145:1-2)

찬양
왕이신 나의 하나님 내가 주를 높이고
영원히 주의 이름을 송축하리이다

샘플 기도

하나님 아버지,
천지에 있는 이름 중 가장 귀한 주의 이름을 계시해 주셔서
우리가 날마다 하나님을 알고 믿게 하시니
그 은혜에 찬양과 영광을 올려 드립니다.

예수 그 이름을 믿고 죄 사함 받아 하나님 자녀 되게 하시고
예수 그 이름으로 기도하여 응답받게 하심도 감사합니다.

그럼에도 때로는 주의 이름을 망령되이 하였음을 자백합니다.
하나님의 이름을 높이는 예배에 힘을 다하지 않았고
함부로 욕되이 주의 이름을 부르기도 했으며
하나님 자녀답게 경건하고 바르게 살지 못해

그 이름 욕되게 하였으니
키리에 엘레이손, 주여 나를 불쌍히 여기소서.

이제는 무엇에든지 주의 이름만을 높이고
찬양하며 살고자 하오니, 성령이시여 도우소서.
오직 하나님만 영화롭게 하고, 주 안에서 즐거이 살겠나이다.

예수님의 이름으로 기도합니다. 아멘.

나의 기도

아버지의 나라가 오게 하시며

말씀

하나님의 나라는 먹는 것과 마시는 것이 아니요
오직 성령 안에 있는 의와 평강과 희락이라(롬 14:17)

찬양

내 영혼이 은총 입어 중한 죄짐 벗고 보니
슬픔 많은 이 세상도 천국으로 화하도다
할렐루야 찬양하세 내 모든 죄 사함받고
주 예수와 동행하니 그 어디나 하늘나라(찬 438)

✦ ──────── (샘플 기도) ────────

하나님 아버지,
독생자 예수께서 임마누엘로 세상에 오셔서
이 땅에 하나님 나라가 임하게 하시니 감사합니다.

예수를 나의 주 그리스도로 믿고
주님의 완전한 다스림을 받아서
우리 가운데 의와 평강과 희락이 넘치는
하나님 나라가 이루어지게 하소서.

그럼에도 이 땅 곳곳은
여전히 어둠과 죄악으로 가득합니다.

주여 성령으로 권능을 받고 증인이 되어
지금 여기부터 땅끝까지 교회를 세워가며
온 땅에 하나님 나라를 비추어 가도록 나를 사용하소서.

오 성령이시여, 충만히 임하시옵소서.
마라나타 주 예수여, 어서 오시옵소서.

예수님의 이름으로 기도합니다. 아멘.

나의 기도

그는 성령으로 잉태되어 동정녀 마리아에게서 나시고

말씀

보라 처녀가 잉태하여 아들을 낳을 것이요
그의 이름은 임마누엘이라 하리라 하셨으니
이를 번역한즉 하나님이 우리와 함께 계시다 함이라(마 1:23)

찬양

슬픈 마음 있는 사람 예수 이름 믿으면
영원토록 변함없는 기쁜 마음 얻으리
예수의 이름은 세상의 소망이요
예수의 이름은 천국의 기쁨일세(찬 91)

샘플 기도

성부 성자 성령 삼위일체 하나님,
성부 하나님의 계획하심과
성령 하나님의 개입하심 가운데
성자 하나님께서 마리아에게 성육신하셔서
우리 가운데 찾아오셨음에 감사와 찬양과 영광을 드립니다.

하나님의 본체이심에도 하나님과 동등됨을 취하지 아니하시고
오히려 자기를 비우고 낮추어 인간의 몸으로 세상에 오신
예수님의 복종과 겸손을 진정 닮고 싶습니다.
오 성령이시여, 내 안에 겸손한 마음 가난한 심령을 허락하소서.

하나님께서 우리와 함께하심이 세상 가장 좋은 것인 줄 믿고
오늘도 주님의 사랑 가운데 거하면서
무엇에든지 주님께 묻고, 주님께 배우며, 주님을 따르는
임마누엘의 하루가 되게 하소서.
날마다 더욱 겸손히 오직 그리스도만 따르게 하소서.

예수님의 이름으로 기도합니다. 아멘.

나의 기도

안식일을 기억하여 거룩하게 지키라

말씀

이는 엿새 동안에 나 여호와가 하늘과 땅과 바다와 그 가운데 모든 것을 만들고
일곱째 날에 쉬었음이라 그러므로 나 여호와가 안식일을 복되게 하여
그 날을 거룩하게 하였느니라(출 20:11)

찬양

나는 하나님을 예배하는 예배자입니다
내가 서 있는 곳 어디서나 하나님을 예배합니다
내 영혼 거룩한 은혜를 향하여
내 마음 완전한 하나님 향하여
이곳에서 바로 이 시간 하나님을 예배합니다

샘플 기도

하나님 아버지,
한 날을 택하여 주의 날로 정하시고
우리가 그날을 구별하여 복을 얻게 하시니
구원의 경륜과 섭리에 찬양과 영광을 돌립니다.

그러나 주의 날을 거룩히 지키라는 말씀에
온전히 순종하지 못할 때가 많음을 자백하오니
키리에 엘레이손, 주여 긍휼히 여겨 주소서.

주의 날은 거룩한 날
온전히 하나님만 예배하기 원합니다.
주의 날은 안식의 날
성령의 임재 가운데 모두가 평안하기 원합니다.
주의 날은 복 받는 날
예수 임마누엘 구원으로 기뻐하길 원합니다.

이제 평생토록 주일을 거룩히 지키며
신령과 진정으로 예배할 것을 마음에 확정했사오니
성령이시여, 주일의 은혜가 매일의 일상으로 이어져
주의 나라 주의 뜻을 이루는 삶의 예배도 드리게 하소서.

예수님의 이름으로 기도합니다. 아멘.

나의 기도

제5일 밤의 기도

아버지의 뜻이 하늘에서와 같이 땅에서도 이루어지게 하소서

말씀

마리아가 이르되 주의 여종이오니 말씀대로 내게 이루어지이다 하매
천사가 떠나가니라(눅 1:38)

찬양

내 주여 뜻대로 행하시옵소서
온 몸과 영혼을 다 주께 드리니
이 세상 고락간 주 인도하시고
날 주관하셔서 뜻대로 하소서(찬 549)

— 샘플 기도 —

하나님 아버지,
죽을 수밖에 없는 무지한 죄인에게
하나님을 알려주시고 주의 뜻 구하며 살게 하시니
감사와 찬양을 올려 드립니다.

아버지의 뜻이 하늘에서 이루어진 것 같이
이 땅에서도 이루어지길 원합니다.
내가 알지 못하는 하나님의 뜻을 구하기보다
이미 알고 있는 하나님의 뜻을 이루어 가게 하소서.

때때로 이해할 수 없는 일을 만날지라도

하나님 아버지께서 선하신 줄 믿고
이삭처럼 마리아처럼 즐겨 순복하게 하셔서
이 땅에 주의 뜻, 하나님 나라가 온전히 이루어지게 하소서.

내 힘으로 불가하오니, 오 성령이시여
십자가 사랑을 부어주셔서
언제든 하나님의 뜻에 순종 복종하게 하소서.
살든지 죽든지 날 주관하셔서서 뜻대로 하소서.

예수님의 이름으로 기도합니다. 아멘.

나의 기도

본디오 빌라도에게 고난을 받아 십자가에 못 박혀 죽으시고

말씀
우리가 아직 죄인 되었을 때에 그리스도께서 우리를 위하여 죽으심으로
하나님께서 우리에 대한 자기의 사랑을 확증하셨느니라(롬 5:8)

찬양
나 같은 죄인 살리신 주 은혜 놀라워
잃었던 생명 찾았고 광명을 얻었네(찬 305)

샘플 기도

오 하나님 아버지,
예수 그리스도께서 세상에 오셔서
숱한 고난을 당하시고 십자가에 죽으신 그 은혜를 믿음으로
우리가 의롭다함을 받고 하나님 자녀가 되었으니
온 생애를 다해 감사와 찬양을 올립니다.

그러나 여전히 내 안에는 나라는 가시가 너무나 많아
나와 내 이웃들을 마구 찔러 고통받고 있사오니
키리에 엘레이손, 나를 불쌍히 여기소서.
날마다 나는 죽고 내 안에 사시는 그리스도로 살게 하소서.

오 성령 하나님이시여

내 안에 사시는 그리스도와 함께 그리스도를 따라
더 용감하게 신앙고백하게 하소서.
더 진실하게 기도하게 하소서.
더 기쁨과 감사로 살아가게 하소서.
더 뜨겁게 사랑하게 하소서.

십자가 은혜를 힘입어 오늘 다시 시작하오니
주여 매사에 나와 동행하소서.

예수님의 이름으로 기도합니다. 아멘.

나의 기도

네 부모를 공경하라

말씀

자녀들아 주 안에서 너희 부모에게 순종하라 이것이 옳으니라(엡 6:1)

찬양

사철에 봄바람 불어 있고 하나님 아버지 모셨으니
믿음의 반석도 든든하다 우리집 즐거운 동산이라
고마워라 임마누엘 예수만 섬기는 우리집
고마워라 임마누엘 복되고 즐거운 하루하루(찬 559)

샘플 기도

하나님 아버지,
부모님을 통하여 이 세상에 왔고
그 사랑의 수고로 자라 장성한 사람이 되어
하나님 자녀로 오늘을 살고 있으니 은혜요 감사입니다.

부모님을 공경하는 것이 마땅한 도리임에도
이런저런 핑계를 대며 효도하지 못했으니
키리에 엘레이손, 주여 용서해 주소서.

오 성령이시여, 부모가 하나님의 대리인임을 깨달아
형편에 상관없이 존경과 감사를 표하게 하시고
힘을 다해 봉양할 수 있도록 우리를 인도하소서.

부모님뿐 아니라 주변의 어르신들과
또 복음으로 나를 낳고 양육해준
영혼의 목자에게도 사랑과 존경을 표하며
함께 주의 나라 주의 교회를 세워가게 하소서.

오 주여
부모님과 나, 목자와 나, 우리의 만남이
언제나 의와 희락과 화평이 넘치는 천국이 되게 하소서.

예수님의 이름으로 기도합니다. 아멘.

나의 기도

오늘 우리에게 일용할 양식을 주시고

말씀

예수께서 이르시되 나는 생명의 떡이니
내게 오는 자는 결코 주리지 아니할 터이요
나를 믿는 자는 영원히 목마르지 아니하리라(요 6:35)

찬양

우물가의 여인처럼 난 구했네 헛되고 헛된 것들을
그때 주님 하신 말씀 내 샘에 와 생수를 마셔라
오 주님 채우소서 나의 잔을 높이 듭니다
하늘 양식 내게 채워주소서 넘치도록 채워주소서

─── 샘플 기도 ───

하나님 아버지,
우리를 자녀 삼으시고
날마다 일용할 양식으로 먹여주심에 감사합니다.

그러나 우리는 어리석게도
그 양식에 자족하거나 감사하지 않고 불평하며
도리어 근심하고 욕심내고 다투었으니
키리에 엘레이손, 주여 긍휼히 여기시고 용서하소서.

오, 생명의 떡이신 그리스도시여

날마다 우리를 영혼의 양식인 말씀으로 풍성케 하소서.
주어진 환경에 자족하고 범사에 감사하며
오늘 행복한 하늘의 부요자로 살게 하소서.

그리하여 주께서 내게 주신 그 은혜를
가난한 자, 소외된 이웃들과 나누게 하셔서
그날의 오병이어 기적이 오늘 이곳에 일어남을 보게 하소서.

예수님의 이름으로 기도합니다. 아멘.

나의 기도

장사된 지 사흘만에 죽은 자 가운데서 다시 살아나셨으며

말씀

사망아 너의 승리가 어디 있느냐 사망아 네가 쏘는 것이 어디 있느냐
우리 주 예수 그리스도로 말미암아 우리에게 승리를 주시는 하나님께 감사하노니

(고전 15:55,57)

찬양

주 하나님 독생자 예수 날 위하여 오시었네
내 모든 죄 다 사하시고 죽음에서 부활하신 나의 구세주
살아계신 주 나의 참된 소망 걱정 근심 전혀 없네
사랑의 주 내 갈길 인도하니 내 모든 삶의 기쁨 늘 충만하네

✦ ───── (샘플 기도) ─────

영광의 주 아버지 하나님,
그리스도께서 부활하셔서 세상을 이기는 놀라운 권능을
교회에 주셨음에 감사와 찬양을 올려드립니다.

이 땅의 교회가 죄와 죽음에 매인 이들에게
예수 부활의 생명과 승리를 힘있게 선포하고 전하게 하소서.
오늘 우리 앞에 놓인 어떤 과업이든
부활하신 주님께서 맡기신 일로 알아
상하(上下), 귀천(貴賤), 가능 여부를 따지지 말고
감사와 충실로 감당하게 하소서.

성령 하나님이시여, 나의 눈을 여셔서
지금 나와 함께하시는 그리스도를 보게 하소서.
무엇에든지 기도로 감사로 주님과 동행하게 하셔서
이 땅에 의와 평강, 희락의 하나님 나라가 세워지게 하소서.

나는 날마다 죽고 내 안에 사시는 그리스도로 인하여
새 힘을 얻어 오늘 하루 무엇이든 넉넉히 이기게 하소서.

예수님의 이름으로 기도합니다. 아멘.

나의 기도

살인하지 말라

말씀

둘째는 이것이니 네 이웃을 네 자신과 같이 사랑하라 하신 것이라
이보다 더 큰 계명이 없느니라(막 12:31)

찬양

네 맘과 정성을 다하여서 주 너의 하나님을 사랑하라
네 몸을 아끼고 사랑하듯 형제와 이웃을 사랑하라
주께서 우리게 명하시니 그 명령 따라서 살아가리(찬 218)

샘플 기도

하나님 아버지,
독생자 예수 그리스도께서 십자가에서 죽으셔서
본래 죽었어야 할 나를 살리시고
귀한 자녀 삼아주셨으니 감사와 찬양을 드립니다.

나뿐 아니라 모든 이웃들이 이런 사랑을 받은
귀하고 존엄한 존재이건만
그동안 내 몸처럼 사랑하고 섬기지 못했음을 용서하소서.

오 주여, 내 안의 분노 시기 증오를 소멸시켜 주시고
곤고한 날 극단적인 생각에서 지켜주소서.
온 세상 피조물의 탄식 소리를 듣게 하시어

오늘 내가 할 수 있는 일부터 회복을 실천하게 하소서.
이웃에 대해 무례히 행하지 않게 하시며
소자의 영혼을 실족시키지 않도록 마음과 입술에 지혜를 주소서.

모든 생명이 영원히 주의 것이오니
오 성령이시여, 항상 두렵고 떨림으로 그들을 섬기게 하시고
나로 인해 주의 나라 주의 교회가 더욱 든든히 서게 하소서.

예수님의 이름으로 기도합니다. 아멘.

나의 기도

제7일 밤의 기도

우리 죄를 용서하여 주시고

말씀
이르시되 때가 찼고 하나님의 나라가 가까이 왔으니
회개하고 복음을 믿으라 하시더라(막 1:15)

찬양
보혈을 지나 하나님 품으로 보혈을 지나 아버지 품으로
보혈을 지나 하나님 품으로 한 걸음씩 나가네
존귀한 주 보혈이 내 영을 새롭게 하시네
존귀한 주 보혈이 내 영을 새롭게 하네

샘플 기도

하나님 아버지,
우리가 예수 십자가 대속을 믿음으로
죄를 용서받고 의롭다 함을 얻어
하나님의 자녀 되게 하심을 감사합니다.

오 주 하나님,
저희는 의인인 동시에 죄인임을 고백합니다.
하지 말아야 할 계명을 범한 허물 많은 죄인입니다.
해야 할 선한 일을 하지 못한 부덕한 죄인입니다.
유혹을 이기지 못하고 반복해서 죄에 빠지는 연약한 죄인입니다.

키리에 엘레이손, 우리를 불쌍히 여기소서.
날마다 진실로 회개하게 하시며
십자가 보혈로 정결케 하사 거룩하게 살게 하소서.

오 파라클레토스 성령이시여
이제는 십자가 은혜를 힘입어
우리의 심령이 새로워지고, 믿음의 심지가 굳어져서
날마다 죄를 이기고 승리하게 하소서.

예수님의 이름으로 기도합니다. 아멘.

나의 기도

하늘에 오르시어 전능하신 아버지 하나님 우편에 앉아 계시다가
거기로부터 살아있는 자와 죽은 자를 심판하러 오십니다

말씀

주께서 호령과 천사장의 소리와 하나님의 나팔 소리로
친히 하늘로부터 강림하시리니
그리스도 안에서 죽은 자들이 먼저 일어나고 그 후에 우리 살아 남은 자들도
그들과 함께 구름 속으로 끌어 올려 공중에서 주를 영접하게 하시리니
그리하여 우리가 항상 주와 함께 있으리라(살전 4:16-17)

찬양

주님 다시 오실 때까지 나는 이 길을 가리라 좁은 문 좁은 길 나의 십자가 지고
나의 가는 이 길 끝에서 나는 주님을 보리라 영광의 내 주님 나를 맞아주시리
주님 다시 오실 때까지 나는 일어나 달려가리라
주의 영광 온 땅 덮을 때 나는 일어나 노래하리
내 사모하는 주님 온 세상 구주시라 내 사모하는 주님 영광의 왕이시라

샘플 기도

하나님 아버지,
우리 주 예수 그리스도께서 승천하시어
우리에게 보혜사 성령을 보내시고
하늘에 거하는 영광의 소망을 주시며
지금도 우리를 위해 하나님 우편에서 간구해 주시니
감사와 찬양을 올려드립니다.

다시 오겠다고 약속하신 그리스도시여
마지막 그날 이 땅에 이루어질 하나님 나라를 소망하며
오늘 하루 준비하는 마음으로 살고자 합니다.
순결한 신부로서 더욱 거룩하게 하소서.
선한 청지기로서 더욱 성실하게 하소서.
신실한 천국 시민으로서 더욱 신앙으로 살게 하소서.

오 보혜사 성령이시여
오늘 먼저 해야 할 일이 무엇인지 알게 하시고
게으름 피우거나 핑계하지 않게 하시며
주신 일 무엇이든 바로 지금 즐겨 행하게 하소서.
마라나타, 주 예수여 어서 오시옵소서.

예수님의 이름으로 기도합니다. 아멘.

나의 기도

간음하지 말라

말씀

음행을 피하라 사람이 범하는 죄마다 몸 밖에 있거니와
음행하는 자는 자기 몸에 죄를 범하느니라(고전 6:18)

찬양

나 이제 주님의 새 생명 얻은 몸 옛것은 지나고 새 사람이로다
그 생명 내 맘에 강같이 흐르고 그 사랑 내게서 해같이 빛난다
영생을 누리며 주 안에 살리라 오늘도 내일도 주 함께 살리라(찬 436)

샘플 기도

하나님 아버지,
우리가 허물과 죄악 가운데 살아감에도 불구하고
오래도록 참으시고, 다시 돌아오기를 기다려 주시니
그 크신 사랑과 은혜에 감사드립니다.

내 안에 음란과 간음이 있음을 자백하오니
오, 키리에 엘레이손 주여 나를 긍휼히 여기소서.
예수 그리스도의 십자가 대속을 믿고 의지하오니
주의 보혈로 나의 죄를 사하시고 깨끗하게 하소서.

이제 음란한 것을 보지 아니하며
더러운 말을 하지 아니하고

죄짓는 기회는 멀리하며
매사를 살피시는 하나님을 경외하고
주의 말씀을 사모하며 살고자 하오니
성령이시여, 순간마다 나를 붙들어 주소서.

오 주여, 내 속에 정한 마음을 창조하시고
정직한 영으로 새롭게 하소서.
언제 어디서든 빛과 같이 신선하고 밝게 살아가게 하소서.

예수님의 이름으로 기도합니다. 아멘.

나의 기도

제8일 밤의 기도

우리가 우리에게 잘못한 사람을 용서하여 준 것같이

말씀

누가 누구에게 불만이 있거든 서로 용납하여 피차 용서하되
주께서 너희를 용서하신 것 같이 너희도 그리하고(골 3:13)

찬양

사랑의 주님이 날 사랑하시네 내 모습 이대로 받으셨네
사랑의 주님이 날 사랑하듯이 나도 너를 사랑하며 섬기리

샘플 기도

하나님 아버지,
십자가 대속의 은혜를 믿고 죄 사함 받아
하나님 자녀로 평안을 누리며 살게 하시니
감사와 찬양을 올려드립니다.

그러나 우리 안의 죄성으로 인하여
이웃에게 거친 말을 하고 악을 행하면서도
용서를 구하거나 사과하지 않는 우리의 완악함을
오 키리에 엘레이손 주여, 용서하소서.

또 나에게 잘못한 이웃을 향해
미움과 원한을 품지 않게 하소서.

62

예수 십자가를 바라보며
용서하라, 사랑하라는 주님의 말씀에 순종하여
무조건 용서하게 하소서.

오 파라클레토스 성령이시여,
내게 믿음을 더하셔서
날마다 평안과 자유로 가득한 복된 삶을 누리게 하소서.

예수님의 이름으로 기도합니다. 아멘.

나의 기도

나는 성령을 믿으며
거룩한 공교회와 성도의 교제와 죄를 용서 받는 것과

말씀
무릇 하나님의 영으로 인도함을 받는 사람은 곧 하나님의 아들이라(롬 8:14)

찬양
허무한 시절 지날 때 깊은 한숨 내쉴 때 그런 풍경 보시며 탄식하는 분 있네
고아 같이 너희를 버려두지 않으리 내가 너희와 영원히 함께 하리라
성령이 오셨네 성령이 오셨네 내 주의 보내신 성령이 오셨네
우리 인생 가운데 친히 찾아오셔서 그 나라 꿈꾸게 하시네

샘플 기도

전능하신 아버지 하나님,
죄인 된 우리에게 성령을 보내셔서
예수 그리스도를 믿게 하시고
진리로 인도하여 주시니 감사와 찬양을 올립니다.

우리를 그리스도의 몸으로 이끄신 보혜사 성령이시여,
우리가 한 형제자매로서 공교회성을 회복케 하소서.
그리스도 안에서 성도의 교제를 누리며
서로의 잘못과 허물을 용서하고 보듬어
하나님 기뻐하시는 바로 그 교회
세상의 희망이 되는 바로 그 교회

대를 이어 복받는 바로 그 교회를 세워가게 하소서.

진리의 영 성령이시여,
우리 안에 거하심에 감사합니다.
사랑합니다.
가난한 마음으로 기다리오니 충만하게 임하소서.

이제 성령으로 말미암아 회개하고 용서하여 저로 인하여
이 땅에 그리스도의 나라와 그 뜻이 이루어지게 하소서.

예수님의 이름으로 기도합니다. 아멘.

나의 기도

도둑질하지 말라
네 이웃에 대하여 거짓 증거하지 말라

말씀

각각 은사를 받은 대로 하나님의 여러 가지 은혜를 맡은
선한 청지기 같이 서로 봉사하라(벧전 4:10)

찬양

나의 죄를 정케 하사 주의 일꾼 삼으신
구세주의 넓은 사랑 항상 찬송합니다
나를 일꾼 삼으신 주 크신 능력 주시고
언제든지 주 뜻대로 사용하여 주소서(찬 320)

샘플 기도

하나님 아버지,
우리를 주의 청지기로 삼아주시고
많은 것을 맡겨주셔서
아버지의 풍성을 누리며 살게 하시니 감사합니다.

그러나 종종 청지기의 본분을 잃고
탐욕과 거짓에 눈이 멀어
악한 일을 자행했음을 참회합니다.

세상에 살면서 이런저런 도둑질을 하였고,

주께서 주신 소중한 시간과 은사를 허비했으며,
마땅히 드려야 할 십일조를 온전히 드리지 못했습니다.

또 거짓과 험담으로 이웃에게 상처를 주었으며
공동체의 화평과 질서를 깨뜨렸으니
오 키리에 엘레이손, 크신 은혜로 용서를 베푸소서.

이제 무엇에든지 감사하고 자족하며 살기 원합니다.
진실한 말, 온화한 말, 감사의 말을 하며 살기 원합니다.
오 보혜사 성령이시여, 우리의 맘과 혀를 주장하시어
오늘도 나의 삶과 말로 인하여
주의 나라 주의 뜻 이루어지게 하소서.

예수님의 이름으로 기도합니다. 아멘.

나의 기도

우리를 시험에 빠지지 않게 하시고 악에서 구하소서

말씀
내 형제들아 너희가 여러 가지 시험을 당하거든 온전히 기쁘게 여기라
이는 너희 믿음의 시련이 인내를 만들어 내는 줄 너희가 앎이라
인내를 온전히 이루라
이는 너희로 온전하고 구비하여 조금도 부족함이 없게 하려 함이라(약 1:2-4)

찬양
너 시험을 당해 죄 짓지 말고 너 용기를 다해 곧 물리치라
너 시험을 이겨 새 힘을 얻고 주 예수를 믿어 늘 승리하라
우리 구주의 힘과 그의 위로를 빌라
주님 네 편에 서서 항상 도우시리(찬 342)

샘플 기도

하나님 아버지,
오늘도 시험 많은 세상에 살면서
아주 넘어지지 않고 다시 일어나 하루를 살게 하셨으니
그 은혜로 인하여 감사와 찬양을 드립니다.

오 파라클레토스 성령이시여,
피해야 할 시험은 피하게 하시고
당해야 할 고난이라면 믿음으로 잘 견디게 하소서.
보다 온전하고, 보다 강건한 하나님의 사람으로

성숙해지는 전화위복의 기회가 되게 하소서.
이미 승리하신 주님께서 우리에게 승리를 약속하셨으니
어떤 시험과 환난도 두려워하지 않게 하소서.
늘 깨어 말씀과 기도로 성령을 좇아 행하게 하시어
모든 시험과 악에서 넉넉히 이기게 하소서.

예수님의 이름으로 기도합니다. 아멘.

나의 기도

몸의 부활과 영생을 믿습니다
아멘

말씀

내 말을 듣고 또 나 보내신 이를 믿는 자는 영생을 얻었고
심판에 이르지 아니하나니 사망에서 생명으로 옮겼느니라(요 5:24)

찬양

예수 앞에 나오면 죄사함 받으며
주의 품에 안기어 편히 쉬리라
우리 주만 믿으면 모두 구원 얻으며
영생복락 면류관 확실히 받겠네(찬 287)

샘플 기도

하나님 아버지,
그리스도를 믿는 우리에게 영생을 약속하시고
그날에 예수님처럼 살아날 소망을 주시며
오늘 그 생명을 누리며 살게 하시니 감사와 찬양을 드립니다.

보혜사 성령이시여
주님의 음성을 들을 수 있도록 겸손한 마음을 주옵소서.
주님을 섬길 수 있도록 사랑의 마음을 더하여 주옵소서.
주님 안에 살 수 있도록 믿음을 주옵소서.

오늘도 심장을 드리는 마음으로 신앙을 고백하고 아멘 했사오니
정직한 마음과 충실한 행동이 뒤따르게 하시어
저로 하여금 제 주변에 하나님 나라와 뜻이 이뤄지게 하소서.
성령 하나님, 사랑합니다. 충만히 임하소서.
언제 어디서나 신앙고백의 삶으로 인도하소서.

예수님의 이름으로 기도합니다. 아멘.

나의 기도

네 이웃의 집을 탐내지 말라

말씀
모든 지킬 만한 것 중에 더욱 네 마음을 지키라
생명의 근원이 이에서 남이니라(잠 4:23)

찬양
정결한 마음 주시옵소서 오 주님 정직한 영을 새롭게 하소서
나를 주님 앞에서 멀리하지 마시고 주의 성령을 거두지 마옵소서
그 구원의 기쁨 다시 회복시키시며 변치 않는 맘 내 안에 주소서

✦ ———— 샘플 기도 ————

하나님 아버지,
예수를 구주로 믿어
우리 안에 하나님의 형상이 회복되고
거룩한 주의 자녀로 살게 하시니 감사합니다.

무엇보다 마음을 지키라고 하셨는데
우리는 그러지 못하여 온갖 탐심에 빠져 살았으니
키리에 엘레이손, 주여 이 죄인을 용서하여 주소서.

우리의 중심을 감찰하시는 성령이시여
내 안에 어떤 탐심이 있는지 보게 하셔서
정직하게 자백하고 돌이키게 하소서.

이제 매일 말씀으로 기도하고
무엇에든지 하나님을 경외하며
경건하고 바르게 살고자 하오니
성령이시여, 나를 말씀으로 거룩하게 하소서.

언제 어디서나 하나님 사랑 이웃 사랑으로 살고자 하오니
저로 인해 이 땅에 주의 나라 주의 뜻이 이뤄지게 하소서.

예수님의 이름으로 기도합니다. 아멘.

나의 기도

나라와 권능과 영광이 영원히 아버지의 것입니다
아멘

말씀

주의 구원의 즐거움을 내게 회복시켜 주시고
자원하는 심령을 주사 나를 붙드소서(시 51:12)

찬양

영광을 받으신 만유의 주여 우리가 명령을 따르리다
베푸신 은혜를 감사히 알고 진실한 맘으로 섬기겠네
구주의 은혜 주시는 대로 영원히 받들어 섬기겠네
찬송하겠네 찬송하겠네 생명을 주시는 구주로다(찬 331)

───── ✦ ───── (샘플 기도) ─────

하나님 아버지,
주기도를 통하여 우리가
무엇을 구하며 살아야 하는지 가르쳐 주셔서
복되고 위대한 인생을 살게 하시니 감사합니다.

주기도로 기도할 때
세상이 어떠하든 우리의 기도가 응답될 것을 믿습니다.
나라와 권세와 영광이 영원히 아버지의 것이기 때문입니다.

때때로 낙심하고 절망도 하겠지만

완전히 쓰러지지 않고 다시 일어나 기도하기를 다짐합니다.
나라와 권세와 영광이 영원히 아버지의 것임을 믿기 때문입니다.

오 파라클레토스 성령이시여
날마다 우리가 주기도의 삶을 살게 하셔서
언제나 어디서나 주의 나라 주의 뜻 이루어지게 하소서.
'아멘' 했으면 그대로 살아내도록
겸손과 사랑과 믿음을 더하소서.

예수님의 이름으로 기도합니다. 아멘.

나의 기도

Day 11 - Day 21

중보기도
일과기도, 십계명
회개기도로 드리는
정시기도

말씀

교회는 그의 몸이니
만물 안에서 만물을 충만하게 하시는 이의 충만함이니라(엡 1:23)

찬양

내 주의 나라와 주 계신 성전과
피 흘려 사신 교회를 늘 사랑합니다(찬 208)

샘플 기도

교회를 위한 기도

하나님 아버지,
그리스도의 몸 된 교회를 세우시고
우리를 그 지체로 불러 복을 주시며
이 땅에 하나님 나라를 이루어가게 하시니 감사합니다.

주님의 피 값으로 세워진 우리 교회가
하나님 현존(現存)을 경험하는 임마누엘 공동체가 되게 하소서.
병들고 죽어가는 사람을 살려내는 생명 공동체가 되게 하소서.
그리스도의 충만을 누리는 축복 공동체가 되게 하소서.

오늘 나의 작은 수고와 헌신으로
하나의 교회다운 교회가 세워지게 하소서.

하나님이 기뻐하시는 바로 그 교회
세상의 희망이 되는 바로 그 교회
나와 이웃이 복받는 바로 그 교회가 되게 하셔서
이 땅에 하나님의 나라가 이루어지게 하소서.

예수님의 이름으로 기도합니다. 아멘.

나의 기도

말씀

하나님께 가까이 함이 내게 복이라
내가 주 여호와를 나의 피난처로 삼아 주의 모든 행적을 전파하리이다(시 73:28)

찬양

주와 같이 길 가는 것 즐거운 일 아닌가
우리 주님 걸어가신 발자취를 밟겠네
한 걸음 한 걸음 주 예수와 함께
날마다 날마다 우리 걸어가리(찬 430)

샘플 기도

오후를 시작하는 기도

오 주 하나님,
분주했던 오전을 뒤로하고
마음의 생각과 시선을 다시 하나님께 고정합니다.

오후 시간도 하나님의 자녀로 거룩하게 살기 원합니다.
주어진 일과를 충실히 감당하기 원합니다.
내 곁의 이웃을 기꺼이 섬기기 원합니다.
나의 생각과 말과 행동이 순전하기 원합니다.

일이나 말에 실수를 범하지 않게 하소서.
뜻대로 안 되어도 낙심하지 않게 하소서.

어렵고 힘든 일에 두려워하거나 불평하지 않게 하소서.
누군가를 시기하거나 미워하거나 불편해하지 않게 하소서.
시험과 유혹에 빠지지 않게 하소서.

주님과 함께 시작하는 오후
무엇에든지 주님과 동행하며
주님과 더불어 마침으로,
후회 없는 충만한 하루 되길 원합니다.

예수님의 이름으로 기도합니다. 아멘.

나의 기도

말씀

우리 주 예수 그리스도로 말미암아 하나님께 감사하리로다 그런즉
내 자신이 마음으로는 하나님의 법을 육신으로는 죄의 법을 섬기노라(롬 7:25)

찬양

주께 가오니 날 새롭게 하시고 주의 은혜를 부어주소서
내 안에 발견한 나의 연약함 모두 벗어지리라 주의 사랑으로
주 사랑 나를 붙드시고 주 곁에 날 이끄소서
독수리 날개 쳐 올라가듯
나 주님과 함께 일어나 걸으리 주의 사랑 안에

샘플 기도

십계명으로 드리는 회개기도

"십계명은 복된 삶으로 인도하는 지시봉이고, 악한 죄를 막아서
는 차단봉이며, 잘못했을 때 징계하는 초달봉이다."(마틴 루터)

하나님 아버지,
하루를 돌아보며 십계명 거울에 나를 비춰봅니다.
왜 이렇게 추하고 더러운 모습이 많은지요.

십계명으로 기도하고 거룩하게 산다고 하지만
아직도 내 안에 옛 자아가 있어 유혹에 넘어지며
원하지 않는 죄 가운데 거할 때가 많습니다.

또 별것 아닌 작은 선을 행하면서도
나를 드러내고 자랑합니다.
키리에 엘레이손, 주여 나를 긍휼히 여기소서.

부끄러움을 무릅쓰고 다시 주께 가오니
십자가 보혈로 내 죄와 허물을 깨끗케 하소서.
죄의 모양조차 싫어하는 청결한 마음을 주소서.

나를 새롭게 하시어 옛사람을 벗고
구원의 즐거움으로 주님을 따르게 하소서.
주 사랑으로 나를 채우시어
독수리 날개 쳐 오르듯 주님과 동행하게 하소서.

예수님의 이름으로 기도합니다. 아멘.

나의 기도

말씀

나는 선한 목자라 선한 목자는 양들을 위하여 목숨을 버리거니와(요 10:11)

찬양

선한 목자 되신 우리 주 항상 인도하시고
푸른 풀밭 좋은 곳에서 우리 먹여주소서
선한 목자 구세주여 항상 인도하소서
선한 목자 구세주여 항상 인도하소서(찬 569)

샘플 기도

담임목회자를 위한 기도

선한 목자이신 우리 주 예수 그리스도시여,
인생의 갈 바를 알지 못하는
무지한 우리의 눈을 열어주시고
날마다 바른 길로 인도해 주시니 감사합니다.

우리 교회를 위하여 택하고 세우신
담임목사님에게 은혜 베푸시길 원합니다.

목자장이신 예수님을 온전히 따르는 선한 목양의 마음을 주소서.
성령의 영감을 더하시어
복음 진리의 말씀이 샘솟듯 넘치게 하소서.

성령으로 인하여 말씀과 기도에 능력이 나타나게 하소서.
속사람을 강건하게 하시어 어떤 어려움도 능히 이기게 하소서.
가정이 평안하여 깊은 쉼과 기쁨을 누리게 하소서.
언제 어디서나 하나님과 동행하게 하시어
목양 받는 주님의 양들을 진리와 풍성으로 인도하는
선한 청지기로 삼으소서.

예수님의 이름으로 기도합니다. 아멘.

나의 기도

말씀

이 하나님은 영원히 우리 하나님이시니
그가 우리를 죽을 때까지 인도하시리로다(시 48:14)

찬양

나의 생명 되신 주 주님 앞에 나아갑니다
주의 흘린 보혈로 정케하사 받아주소서
날마다 날마다 주를 찬송하겠네
주의 사랑 줄로써 나를 굳게 잡아 매소서(찬 380)

── 샘플 기도 ──

인도를 위한 기도

"오 주 하나님,
나의 모든 일을 주님께 맡깁니다.
올바른 길로 나를 이끄소서.
주님께서 원하시는 곳으로 나를 인도하소서.

바른 열심을 가지고 일하게 하소서.
내가 알지 못하는 것을 가르쳐 주시고
내가 보지 못한 것을 보여주시고
내가 가는 길을 인도해 주소서."(작자 미상)

예수님의 이름으로 기도합니다. 아멘.

말씀

우리 하나님 여호와여 이제 우리를 그의 손에서 구원하사
천하 만국이 주만이 여호와이신 줄을 알게 하옵소서 하니라(사 37:20)

찬양

주 예수보다 더 귀한 것은 없네 이 세상 부귀와 바꿀 수 없네
영 죽은 내 대신 돌아가신 그 놀라운 사랑 잊지 못해
세상 즐거움 다 버리고 세상 자랑 다 버렸네
주 예수보다 더 귀한 것은 없네 예수 밖에는 없네(찬 94)

✦ ────── 샘플 기도 ──────

십계명으로 드리는 회개기도(1계명)

하나님 아버지,
오늘 하루 마음과 뜻을 다해
하나님과 동행하지 못했음을 고백합니다.
내 마음의 생각과 시선을 온전히 고정하지 못하고
하나님 없이 말하고 행동하고 처신했습니다.

입으로 '주여'라고 하면서도 내가 주인인 것처럼 살았습니다.
예수님이 길이라 하면서도 내 지식, 경험을 따랐습니다.
예수님이 진리라 하면서도 짐짓 거짓으로 행했습니다.
예수님이 부활 생명이라 하면서도 두려움과 불안에 떨었습니다.
예수님이 생명의 떡이라 하면서도 먹고 사는 데 급급했습니다.

예수님이 선한 목자라 하면서도 만족함이 없었습니다.
예수님이 양의 문이라 하면서도 근심하고 걱정했습니다.
예수님이 포도나무요 나는 가지라 하면서도
주 안에 거하지 못했습니다.
키리에 엘레이손, 주여 나를 긍휼히 여기소서.

오, 파라클레토스 성령이시여
내 안에 가난한 마음을 주시어 내 평생 사는 동안
오직 주 하나님만 사랑하고 신뢰하며 따르게 하소서.
예수 그리스도시여
주님만이 나의 주 나의 하나님 나의 사랑이십니다.

예수님의 이름으로 기도합니다. 아멘.

나의 기도

말씀

나를 능하게 하신 그리스도 예수 우리 주께 내가 감사함은
나를 충성되이 여겨 내게 직분을 맡기심이니(딤전 1:12)

찬양

우리에겐 소원이 하나 있네 주님 다시 오실 그날까지
우리 가슴에 새긴 주의 십자가 사랑 나의 교회를 사랑케 하네
주의 교회를 향한 우리 마음 희생과 포기와 가난과 고난
하물며 죽음조차 우릴 막을 수 없네 우리 교회는 이 땅의 희망
교회를 교회되게 예뱔 예배되게 우릴 사용하소서
진정한 부흥의 날 오늘 임하도록 우릴 사용하소서

━━━━━━━━ 샘플 기도 ━━━━━━━━

직분자(장로, 권사, 집사 등)를 위한 기도

하나님 아버지,
주의 교회를 세우고 돌보기 위해
직분자를 세워주시니 참 감사합니다.

언제나 누구든지 즐겨 섬길 수 있도록
가난한 마음을 주옵소서.
불평이 아니라 기쁘게 섬길 수 있도록
감사의 마음을 주옵소서.
다툼이 아니라 화목하게 섬길 수 있도록

화평의 마음을 주옵소서.

하나님의 일을 제한하지 않고 섬길 수 있도록
신뢰의 마음을 더하소서.
게으르거나 핑계대지 않고 섬길 수 있도록
충성의 마음을 더하소서.
자기 뜻이 아니라 주의 뜻대로 섬길 수 있도록
복종의 마음을 더하소서.

이 모든 섬김이 자기 의와 자랑이 아니라
십자가에 은혜에 감격하여 기꺼이 아멘 하며 드려져
오직 하나님께만 영광이 되게 하소서.

예수님의 이름으로 기도합니다. 아멘.

나의 기도

말씀

이르시되 아빠 아버지여 아버지께는 모든 것이 가능하오니
이 잔을 내게서 옮기시옵소서
그러나 나의 원대로 마시옵고 아버지의 원대로 하옵소서 하시고(막 14:36)

찬양

아바 아버지 아바 아버지
나를 안으시고 바라보시는 아바 아버지
아바 아버지 아바 아버지
나를 도우시고 힘주시는 아버지
주는 내 맘을 고치시고 볼 수 없는 상처 만지시네
나를 아시고 나를 이해하시네 내 영혼 새롭게 하시네

───────────── 샘플 기도 ─────────────

완전한 위탁의 기도

"아버지,
이 몸을 당신께 바치오니
좋으실 대로 하십시오.
저를 어떻게 하시든 감사드릴 뿐
저는 무엇에나 준비되어 있고
무엇이나 받아들이겠습니다.
오직 당신 뜻이 제 안에서
당신이 창조하신 모든 피조물 안에서

이루어지게 하십시오.
제 영혼을
당신 손에 되돌려 드립니다.
당신을 사랑하기에
마음과 사랑을 다해 제 영혼을 바칩니다.

하나님은 제 아버지시기에 끝없이 믿으며
남김없이 이 몸을 드리고
당신 손에 맡기는 것이
어쩔 수 없는 저의 사랑입니다.
아멘."(샤를 드 푸코)

예수님의 이름으로 기도합니다. 아멘.

나의 기도

제13일 밤의 기도

말씀

조각한 우상을 의지하며 부어 만든 우상을 향하여
너희는 우리의 신이라 하는 자는 물리침을 받아 크게 수치를 당하리라(사 42:17)

찬양

찬양하라 복되신 구세주 예수 백성들아 사랑을 전하세
경배하라 하늘의 천군과 천사 주님 앞에 영광을 돌리세
목자 같이 우리를 지키시고 종일 품에 늘 안아주시니
찬양하라 높으신 권세를 찬양 찬양 찬양 영원히 드리세(찬 31)

샘플 기도

십계명으로 드리는 회개기도(2계명)

키리에 엘레이손,
주여 나를 불쌍히 여기소서.

하나님을 믿는다고 말하면서도
실상은 하나님보다 나를 더 사랑하고
세상에 더 많은 애착을 품었습니다.
편안과 재미, 성공과 성취에 마음을 빼앗기기도 했습니다.

입으로는 하나님을 사랑한다고 말하면서도
순전한 마음으로 예배하고 경배하고 따르지 않고
나 잘되고 복 받는 것에 더 관심이 많았습니다.

내 안에 여전히 하나님보다 더 사랑하는 우상이 있음을 봅니다.

"세상 혹은 물질을 우상 삼지 않도록 나를 구하소서.
내가 절대 피조물을 사랑하지 않고
오직 주를 위해 주의 사랑에 순복하게 하소서.
내 마음의 주인이 되시어 주의 보좌를 높이시며
하늘에서와 같이 내 마음도 통치하소서." (존 웨슬리)

파라클레토스, 성령이시여
오셔서 나를 다스려 주소서.

예수님의 이름으로 기도합니다. 아멘.

나의 기도

말씀

그리스도 안에서 일만 스승이 있으되 아버지는 많지 아니하니
그리스도 예수 안에서 내가 복음으로써 너희를 낳았음이라(고전 4:15)

찬양

나는 갈 길 모르니 주여 인도하소서
어디 가야 좋을지 나를 인도하소서
어디 가야 좋을지 나를 인도하소서(찬 375)

샘플 기도

교사(교역자, 교회학교 교사, 소그룹 리더, 신학 교수)를 위한 기도

하나님 아버지,
주님의 공동체에 교사를 세우셔서
주의 말씀과 훈계로 가르치심에 감사합니다.

우리의 교사들에게
지혜와 계시의 영을 주사 하나님을 더 많이 알게 하소서.
가르칠 뿐 아니라 겸허히 배우는 학습자가 되게 하소서.
지식만이 아니라 지혜를 가르치는 선생이 되게 하소서.
말씀만이 아니라 삶을 나누는 스승이 되게 하소서.
종교가 아니라 그리스도를 따르는 예수 제자가 되게 하소서.

배우는 자나 가르치는 자나 함께
예수 그리스도를 닮아가게 하시고
사제 간에 사랑과 우정을 나누며
함께 주의 나라를 이루어가게 하소서.

예수님의 이름으로 기도합니다. 아멘.

나의 기도

말씀

평안을 너희에게 끼치노니 곧 나의 평안을 너희에게 주노라
내가 너희에게 주는 것은 세상이 주는 것과 같지 아니하니라
너희는 마음에 근심하지도 말고 두려워하지도 말라(요 14:27)

찬양

평안을 너에게 주노라
세상이 줄 수 없는
세상이 알 수도 없는 평안 평안 평안
평안을 네게 주노라

샘플 기도

평온을 구하는 기도

"하나님,
제가 변화시킬 수 없는 것은
받아들일 수 있는 평온함을 주소서.

제가 변화시킬 수 있는 것은
변화시킬 수 있는 용기를 주소서.

또한 이 둘을 분별할 수 있는
지혜를 주소서."(라인홀드 니버)

오늘 하루를 오늘 하루로 살아내게 하시며
이 순간을 이 순간으로 즐기게 하시며
수고로움을 평화로 이끄는 길을
받아들이게 하소서.

예수님의 이름으로 기도합니다. 아멘.

나의 기도

말씀

어떤 사람은 병거, 어떤 사람은 말을 의지하나
우리는 여호와 우리 하나님의 이름을 자랑하리로다(시 20:7)

찬양

천지에 있는 이름 중 귀하고 높은 이름
주 나시기 전 지으신 구주의 이름 예수
주 앞에 내가 엎드려 그 이름 찬송함은
내 귀에 들린 말씀 중 귀하신 이름 예수(찬 80)

샘플 기도

십계명으로 드리는 회개기도(3계명)

키리에 엘레이손,
주여 나를 긍휼히 여기소서.
오늘 하루 하나님의 자녀로서
주의 이름을 온전히 높이지 못하고 살았습니다.

함부로 농담 삼아 주의 이름을 들먹였고
원망하기도 했습니다.
주의 이름을 높이기보다는
내 이름 내 명예 높이고자 했습니다.
거룩하신 주의 이름에 합당하게
의와 진리, 온유와 겸손으로 살지 못하여

그리스도와 주의 교회에 흠을 내었습니다.
하나님을 예배한다고 하면서
신령과 진정으로 예배하지 못했습니다.

오 파라클레토스, 보혜사 성령이시여
이제는 무엇에든지 주의 이름만 높이고
그 이름에 합당하게 살아가도록 나를 도우소서.
주의 이름이 세세 무궁토록 찬양과 영광을 받으소서.

예수님의 이름으로 기도합니다. 아멘.

나의 기도

말씀

또 내가 네게 이르노니 너는 베드로라 내가 이 반석 위에 내 교회를 세우리니
음부의 권세가 이기지 못하리라(마 16:18)

찬양

우리는 주의 백성이오니 주의 그 큰 이름 선포합니다
이곳 어두운 세상에 빛으로 부르셨네
주의 얼굴 구할 때 역사하소서
교회를 세우시고 이 땅 고쳐주소서
주님 나라 임하시고 주 뜻 이뤄지이다

─── ✦ ─── (샘플 기도) ───

한국 교회를 위한 기도

하나님 아버지,
선교사를 보내시어 한국 교회를 세우시고
교회로 인하여 이 나라 이 민족에 복을 주시니 감사합니다.

하오나
작금의 한국 교회가 교회답지 못하여
무시와 천대를 받고 있사오니
키리에 엘레이손, 주여 긍휼히 여기소서.

한국 교회가 삼위일체 한 하나님, 한 교회를 섬기는

거룩한 공동체성을 회복하게 하소서.
믿음으로 사도신경을 고백하는 모든 교회가 서로 존중하며
다양성 속에서 성령으로 하나 되는 교회가 되게 하소서.
그리스도의 거룩한 성품을 본받아 도덕성에 흠이 없게 하시고
교파, 지역, 규모에 상관없이 푸르고 푸른 숲을 이루어
민족의 주요 과제(인권, 복지, 통일, 환경, 기후 등)를 위해
선한 사마리아인처럼 봉사하는 교회로 세워지게 하소서.

세상이 두려워하고 세상의 존경을 받으며 세상을 바꾸는 교회
세상의 희망이 되는 한국 교회가 되게 하소서.

예수님의 이름으로 기도합니다. 아멘.

나의 기도

말씀

내 계명은 곧 내가 너희를 사랑한 것 같이
너희도 서로 사랑하라 하는 이것이니라(요 15:12)

찬양

다 표현 못해도 나 표현하리라 다 고백 못해도 나 고백하리라
다 알 수 없어도 나 알아가리라 다 닮지 못해도 나 닮아가리라
그 사랑 얼마나 아름다운지 그 사랑 얼마나 날 부요케 하는지
그 사랑 얼마나 크고 놀라운지를 그 사랑 얼마나 나를 감격하게 하는지

───── 샘플 기도 ─────

참된 사랑을 위한 기도

"말없이 사랑하라.
내가 너희를 사랑한 것처럼
아무 말 없이
겉으로 드러나지 않게
조용히 사랑하라.
사랑이 깊고 참되도록
말없이 사랑하라.

아무도 모르게 숨어서 봉사하고
눈에 띄지 않게 선한 일을 하라.
그리고 침묵하는 일을 배우며

말없이 사랑하라.

꾸지람을 듣는다고 해도 변명하지 말고
마음이 상하는 이야기에도 대꾸하지 말고
말없이 사랑하는 법을 배워라."(작자 미상)

오늘도 예수님처럼
십자가 사랑, 진실한 사랑으로
묵묵히 섬기며 살아가게 하소서.

예수님의 이름으로 기도합니다. 아멘.

나의 기도

말씀

이 날은 여호와께서 정하신 것이라
이 날에 우리가 즐거워하고 기뻐하리로다 (시 118:24)

찬양

이 날은 이 날은 주의 지으신 주의 날일세
기뻐하고 기뻐하며 즐거워하세 즐거워하세
이 날은 주의 날일세 기뻐하고 즐거워하세
이 날은 이 날은 주의 날일세

샘플 기도

십계명으로 드리는 회개기도 (4계명)

"쉬면서 보고, 보면서 사랑하고, 사랑하면서 찬양하리라." (성 어거스틴)

오 키리에 엘레이손
주여, 나를 긍휼히 여기소서.

하나님께서 일주일에 한 날을 주의 날(Lord's day)로
정하시고, 우리에게 쉼과 복을 주고자
잘 지키라 하셨는데 바르게 지키지 못했습니다.
한 주간 살면서 주일을 기대하고 준비해야 하는데
때론 게으르고 나태했으며, 때론 세상살이에 바빠
하나님을 모른 채 살기도 했습니다.

예배를 드리면서도 마지못해 지루해하며 드렸습니다.
형식적인 예배일 뿐 임마누엘 예배가 되지 못했습니다.
예배로 인한 안식과 행복, 충만을 누리지 못했습니다.
온 가족이 함께 기쁨으로 예배하지 못했습니다.
주일 예배가 일상에서 산 예배로 이어지지 못했습니다.

파라클레토스, 보혜사 성령이시여
예배 성공이 신앙 성공이요, 인생 성공인 줄 믿사오니
영과 진리로 주님께 나아가는 예배 성공자가 되게 하소서.
일상에서 주의 뜻을 이루는 삶의 예배자로 살기 원하오니
내 마음이 날마다 그리스도를 더욱 열망하게 하소서.

예수님의 이름으로 기도합니다. 아멘.

나의 기도

말씀

너희가 내게 대하여 제사장 나라가 되며 거룩한 백성이 되리라
너는 이 말을 이스라엘 자손에게 전할지니라(출 19:6)

찬양

삼천리 반도 금수강산 하나님 주신 동산
삼천리 반도 금수강산 하나님 주신 동산
이 동산에 할 일 많아 사방에 일꾼을 부르네
곧 이 날에 일 가려고 그 누가 대답을 할까
일하러 가세 일하러 가 삼천리 강산 위에
하나님 명령 받았으니 반도 강산에 일하러 가세(찬 580)

─── 샘플 기도 ───

나라를 위한 기도

하나님 아버지,
이 나라 이 민족을 지켜주시고 보호하시며
선하게 인도해주심에 감사합니다.

온 백성이 하나님을 경외하여,
이 땅에 주의 사랑과 공의가 이뤄지게 하소서.
파당 분열은 그치게 하시고,
서로 존중 배려하는 화평한 나라가 되게 하소서.
자연환경을 잘 보존하여

아름다운 금수강산을 자손만대에 물려주게 하소서.
남북이 본래 한민족이오니,
무력 경쟁을 그치고 평화통일로 나가게 하소서.
주의 교회들이 바르게 세워져
온 나라가 주의 복음으로 살아나게 하소서.

거룩한 선진 문화로 번성케 하시어
온 지구촌에 '진정한 기독교'를 전하는 제사장 나라
사랑받고 존중받는 대한민국이 되게 하소서.

예수님의 이름으로 기도합니다. 아멘.

나의 기도

말씀

한 여자가 매우 귀한 향유 한 옥합을 가지고 나아와서
식사하시는 예수의 머리에 부으니(마 26:7)

찬양

주님 내가 여기 있사오니 나를 보내소서
나의 맘 나의 몸 주께 드리오니 주 받으옵소서
주님 내가 여기 있사오니 나를 써주소서
가진 것 모두 다 주께 드리오니 주 받으옵소서
알렐루야 알렐루야 알렐루야 알렐루야
나를 받으옵소서 나를 받으옵소서

샘플 기도

선용(善用)을 위한 기도

"오 주 하나님, 저로 하여금 제 생명을
당신께서 원하시는 대로 사용하게 도와주소서.

저로 하여금 은사와 능력을
다른 사람을 위해 쓰게 하심으로
남을 행복하게 하고 세상을 유익케 하소서.

제가 가진 물질로 제 자신을 위한 이기적인 목적이 아닌
남을 돕는 일에 후히 쓰게 하소서.

제 시간을 선한 일에만 지혜롭게 쓰도록 도와주소서.
이기적이거나 육체적인 쾌락을 위해 쓰지 않고
남을 위해 사용케 하소서.

저로 하여금 새로운 것을 깨닫고
자신을 발전시키는 일을 위해 노력하게 하시며
배우는 것을 게을리하지 않게 하시고
세상의 무익하고 사라질 것들에 결코 마음을 두지 않게 하소서.

오늘 하루가 저 자신을 발전시키고 다른 사람을 유익케 하며
당신을 기쁘게 하는 일에 쓰이게 하소서."(윌리엄 바클레이)

예수님의 이름으로 기도합니다. 아멘.

나의 기도

제16일 밤의 기도

말씀

자녀들아 모든 일에 부모에게 순종하라
이는 주 안에서 기쁘게 하는 것이니라(골 3:20)

찬양

어머니의 넓은 사랑 귀하고도 귀하다
그 사랑이 언제든지 나를 감싸줍니다
내가 울 때 어머니는 주께 기도드리고
내가 기뻐 웃을 때에 찬송 부르십니다(찬 579)

샘플 기도

십계명으로 드리는 회개기도(5계명)

키리에 엘레이손
주여, 나를 긍휼히 여기소서.
나를 낳으시고 기르신 부모님을 공경하지 못했습니다.

시간을 내어 사랑이 담긴 따뜻한 말로 대화하지 못했습니다.
종종 거친 말과 행동으로 무례하게 행하기도 했습니다.
마음을 헤아리기보다 도리어 이해와 도움을 강요했습니다.
형편과 상황에 상관없이 사랑과 존경을 표하지 못했습니다.
마음과 정성을 다해 봉양하지 못했습니다.

부모님뿐 아니라

은혜 입은 어르신, 스승에게 무관심했습니다.
나를 복음으로 낳고 양육한 영혼의 목자에게도
사랑의 안부와 존경을 자주 전하지 못했습니다.

파라클레토스, 보혜사 성령이시여
이제 사랑과 존경을 담아 부모님을 공경하고
주변 어른들을 섬기고자 하오니
온유함과 겸손함으로 순복하도록 이끌어 주소서.

예수님의 이름으로 기도합니다. 아멘.

나의 기도

말씀

하나님이여 주의 판단력을 왕에게 주시고 주의 공의를 왕의 아들에게 주소서
그가 주의 백성을 공의로 재판하며 주의 가난한 자를 정의로 재판하리니(시 72:1-2)

찬양

전능왕 오셔서 주 이름 찬송케
하옵소서 영광과 권능의 성부여 오셔서
우리를 다스려 주옵소서(찬 10)

✦ ─── 샘플 기도 ───

대통령을 위한 기도

하나님 아버지,
시대마다 대통령을 세우셔서
오늘까지 이 나라를 인도하심에 감사합니다.
그럼에도 인간의 연약함으로 말미암아
불행한 일들이 많았사오니
키리에 엘레이손, 주여 긍휼히 여겨주소서.

대통령에게 은혜를 베푸시어
하나님을 경외하고, 국민을 사랑하는 마음을 주소서.
사랑과 공의로 모든 정사를 분별하는 지혜를 더하소서.
이 나라 이 민족을 공의로운 번영으로 이끌게 하소서.

보좌하는 공직자들이 물질과 권력에 집착하지 않고
정직한 양심으로 섬기게 하시어
모두가 함께 복받는 선진 나라가 되게 하소서.

온 땅의 왕이신 하나님이시여,
우리의 지도자들을 선으로 이끄시고 구원하소서.

예수님의 이름으로 기도합니다. 아멘.

나의 기도

말씀

부지런하여 게으르지 말고 열심을 품고 주를 섬기라(롬 12:11)

찬양

이 세상을 살아가는 동안에 나의 힘을 의지할 수 없으니
기도하고 낙심하지 말 것은 주께서 참 소망이 되심이라
하나님의 꿈이 나의 비전이 되고 예수님의 성품이 나의 인격이 되고
성령님의 권능이 나의 능력이 되길 원하고 바라고 기도합니다

샘플 기도

업무를 위한 기도

"할 수 있는 한 최선을 다하라.
당신이 할 수 있는 모든 수단과
당신이 할 수 있는 모든 방법으로
당신이 할 수 있는 모든 장소에서
당신이 할 수 있는 모든 시간에
당신이 할 수 있는 모든 사람에게
당신이 할 수 있는 한 오래오래.
할 수 있는 한 최선을 다하라."(존 웨슬리)

오 주 하나님,
나에게 맡겨진 모든 일과 사람에게

최선을 다할 수 있도록 용기와 지혜와 인내를 주소서.

예수님의 이름으로 기도합니다. 아멘.

나의 기도

말씀

나는 너희에게 이르노니 형제에게 노하는 자마다 심판을 받게 되고
형제를 대하여 라가라 하는 자는 공회에 잡혀가게 되고
미련한 놈이라 하는 자는 지옥 불에 들어가게 되리라(마 5:22)

찬양

형제의 모습 속에 보이는 하나님 형상 아름다워라
존귀한 주의 자녀 됐으니 사랑하며 섬기리

─────── 샘플 기도 ───────

십계명으로 드리는 회개기도(6계명)

하나님 아버지,
오늘 만난 이웃들을 어떻게 대했나 돌아봅니다.

거칠고 무례하게 대하지 않았는지
시기 질투 증오의 마음은 없었는지
거짓 사기 비양심의 일은 하지 않았는지
오 키리에 엘레이손, 주여 나를 긍휼히 여기소서.

내가 아플 때 내 아픔만 생각하지 않고
이웃의 아픔도 헤아리게 하소서.
내가 속상할 때 내 속상함만 생각하지 않고

나로 인해 속상한 사람은 없는가 살펴보게 하소서.
내가 화날 때 내 화만 생각하지 않고
나로 인해 분노하는 이는 없는지 돌아보게 하소서.

나를 통해 이웃들이 평안하고 행복한 날을 살 수 있도록
이웃을 내 몸처럼 사랑하는 마음을 부어주소서.

예수님 이름으로 기도합니다. 아멘.

나의 기도

말씀

의인의 길은 정직함이여 정직하신 주께서 의인의 첩경을 평탄하게 하시도다(사 26:7)

찬양

어둔 밤 마음에 잠겨 역사에 어둠 짙었을 때에
계명성 동쪽에 밝아 이 나라 여명이 왔다
고요한 아침의 나라 빛 속에 새롭다
이 빛 삶 속에 얽혀 이 땅에 생명탑 놓아간다(찬 582)

───── 샘플 기도 ─────

공직자를 위한 기도

하나님 아버지,
어둠과 불의의 역사 속에서도 이 나라 곳곳에
신실하고 충성스러운 공직자를 세워주심에 감사합니다.

공직자들이
군림하는 자가 아니라
공복(公僕)임을 알게 하시어 위치와 본분을 지키게 하소서.
자신의 유익이 아니라
나라의 안녕과 발전을 구하는 대의(大義)의 마음을 주소서.
사람이나 조직보다는
나라와 민족에 충성하는 애국의 마음을 주소서.

누구든 차별하지 않고 평등하게 섬기되
사회적 약자를 존중 배려하는 마음을 더하소서.
욕심과 출세에 눈이 멀지 않고
공직의 긍지를 느끼도록 정직한 마음을 더하소서.
모든 것을 분별하여
시의적절하고 선하게 처리할 수 있도록 지혜를 더하소서.

오 주 하나님,
이 나라 공직 사회에 믿는 자, 의인들이 많이 일어나
자손 대대 이어지는 선진 나라
거룩한 민족으로 세워지게 하소서.

예수님의 이름으로 기도합니다. 아멘.

나의 기도

말씀

그리스도께서 우리를 자유롭게 하려고 자유를 주셨으니
그러므로 굳건하게 서서 다시는 종의 멍에를 메지 말라(갈 5:1)

찬양

나 자유 얻었네 너 자유 얻었네 우리 자유 얻었네
나 자유 얻었네 너 자유 얻었네 우리 자유 얻었네
주 말씀하시길 죄사슬 끊겼네 우리 자유 얻었네 할렐루야
나 자유 얻었네 너 자유 얻었네 우리 자유 얻었네

──────（ 샘플 기도 ）──────

매임에서 벗어나는 기도

"저를 해방시켜 주옵소서.

존경받으려는 욕망으로부터
사랑받으려는 욕망으로부터
칭찬받으려는 욕망으로부터
명예로워지려는 욕망으로부터
찬양받으려는 욕망으로부터
선택받으려는 욕망으로부터
조언받으려는 욕망으로부터
인정받으려는 욕망으로부터
인기를 끌려는 욕망으로부터

모멸받는 두려움으로부터
경멸받는 두려움으로부터
질책당하는 고통의 두려움으로부터
비방당하는 두려움으로부터
잊혀지는 두려움으로부터
오류를 범하는 두려움으로부터
우스꽝스러워지는 두려움으로부터
의심받는 두려움으로부터

저를 해방시켜 주옵소서."(마더 테레사)

예수님의 이름으로 기도합니다. 아멘.

나의 기도

말씀

나는 너희에게 이르노니 음욕을 품고 여자를 보는 자마다
마음에 이미 간음하였느니라(마 5:28)

찬양

신실하게 진실하게 거룩하게 살게 하소서
신실하게 진실하게 거룩하게 살게 하소서
하나님 나의 마음 만져주소서
하나님 나의 영혼 새롭게 하소서

샘플 기도

십계명으로 드리는 회개기도(7계명)

주 하나님 아버지,
내 안에 은밀하게 자리잡은
음란과 음행의 마음이 없는지 살펴봅니다.
오 키리에 엘레이손, 주여 긍휼히 여기소서.
예수 십자가 대속을 믿고 의지하오니
주의 보혈로 사하시고 깨끗하게 하소서.

파라클레토스 보혜사 성령이시여
내 마음의 생각과 시선을 하나님께 고정시켜 주시고
마음으로 끊임없이 그리스도와 대화하게 하시어
매순간 정결한 양심과 순전한 사랑으로

음란 음행의 유혹을 이겨 내게 하소서.
때마다 시마다 나를 인도하소서.

예수님의 이름으로 기도합니다. 아멘.

나의 기도

말씀

우리가 우리 하나님께 기도하며 그들로 말미암아 파수꾼을 두어
주야로 방비하는데(느 4:9)

찬양

눈을 들어 산을 보니 도움 어디서 오나
천지 지은 주 하나님 나를 도와주시네
나의 발이 실족 않게 주가 깨어 지키며
택한 백성 항상 지켜 길이 보호하시네(찬 383)

샘플 기도

나라 지킴이(군인, 경찰, 구급대원, 의료 종사자)를 위한 기도

하나님 아버지,
숱한 전쟁과 수난 속에서도
파수꾼을 세워 이 나라를 지켜주시니 감사합니다.

저들은 항시 위험에 노출되어 있사오니
안전하게 지키시고 보호하소서.
위기 상황에 나약하거나 비겁하지 않게 하시고
지혜와 용기로 담대히 나서게 하시어
나라와 국민을 든든히 지키게 하소서.

생명을 바친 노고와 헌신에

모두가 존경과 감사를 표하게 하소서.
그들의 안녕과 노후를 책임져 주시고
애쓰고 수고한 것에 정당한 열매가 주어져
애국의 마음이 더해지게 하소서.

지혜와 용기로 한마음 되어
어떤 위험과 위기가 닥쳐와도
능히 이겨 내는 강한 나라가 되게 하시어
세계 평화에 이바지하게 하소서.

예수님의 이름으로 기도합니다. 아멘.

나의 기도

말씀

심령이 가난한 자는 복이 있나니 천국이 그들의 것임이요(마 5:3)

찬양

주는 나를 기르시는 목자요 나는 주님의 귀한 어린양
푸른 풀밭 맑은 시냇물 가로 나를 늘 인도하여 주신다
주는 나의 좋은 목자 나는 그의 어린양
철을 따라 꼴을 먹여주시니 내게 부족함 전혀 없어라(찬 570)

─────── 샘플 기도 ───────

행복을 누리는 기도

"행복이란 의외로 드물지 않다.
어디에서나 행복을 찾을 수 있다.
삶이 가르쳐 주듯 많은 것이 행복일 수 있다.
행복이란 매일 맞는 새로운 아침이다.
행복이란 형형색색의 꽃들이다.
행복이란 걱정 없는 나날들이다.
행복이란 즐겁게 웃는 것이다.
행복이란 무더위에 찾아드는 빗줄기이다.
행복이란 장마가 끝나고 비쳐드는 햇살이다.
행복이란 아이스크림을 먹는 아이를 보는 것이다.
행복이란 기분 좋은 인사이다.

행복이란 추울 때 느끼는 온기이다.
행복이란 바닷가의 하얀 모래사장이다.
행복이란 숲속의 고요이다.
행복이란 친구가 손을 잡아주는 것이다.
행복이란 묵상하는 시간이다.
행복이란 좋은 책을 읽는 것이다.
행복이란 기쁘게 웃는 유쾌한 시간이다.
행복이란 반가운 손님이 찾아오는 것이다.
행복이란 장소에 구애되지 않는다.
행복이란 계절과 상관없다.
행복이란 자신의 삶에 자족하는 사람이
항상 발견할 수 있는 것이다."(클레멘스 브렌타노)

오 주 하나님, 가난한 마음을 소유하게 하시어
일상의 사소한 것에서 행복을 누리게 하소서.

예수님의 이름으로 기도합니다. 아멘.

나의 기도

말씀

도둑질하는 자는 다시 도둑질하지 말고 돌이켜 가난한 자에게
구제할 수 있도록 자기 손으로 수고하여 선한 일을 하라(엡 4:28)

찬양

너 성결키 위해 늘 기도하며
너 주 안에 있어 늘 성경 보고
온 형제들 함께 늘 사귀면서
일하기 전마다 너 기도하라(찬 420)

―――― 샘플 기도 ――――

십계명으로 드리는 회개기도(8계명)

하나님 아버지,
오늘 하루 도둑질한 것은 없는지 자신을 돌아봅니다.

사취, 월권, 태만하지 않았는지
착취, 낭비, 허비하지 않았는지
무엇보다 하나님께 드려야 할 것을
정직하고 온전하게 드렸는지 생각합니다.
키리에 엘레이손, 주여 나를 긍휼히 여기소서.

파라클레토스 보혜사 성령이시여
예수 그리스도 한 분만으로 만족하기 원합니다.

주어진 상황에 자족하는 은혜로 이끄소서.
그리하여 다시 도둑질하지 않고 돌이켜
선한 청지기로서 봉사자로 나서게 하소서.

예수님의 이름으로 기도합니다. 아멘.

나의 기도

말씀

하늘에 있는 것이나 땅에 있는 것이 다 그리스도 안에서
통일되게 하려 하심이라(엡 1:10)

찬양

어느 민족 누구게나 결단할 때 있나니
참과 거짓 싸울 때에 어느 편에 설 건가
주가 주신 새 목표가 우리 앞에 보이니
빛과 어둠 사이에서 선택하며 살리라(찬 586)

샘플 기도

통일을 위한 기도

하나님 아버지,
이 민족을 선택하시고
복음 한국 선진 한국으로 세워주셔서 감사합니다.

하오나
이 민족은 오랜 세월 남과 북으로 갈라져
오늘도 전쟁과 핵무기로 위협하고 있사오니
키리에 엘레이손, 우리를 긍휼히 여기소서.

북한이 핵무기를 포기하고
비핵화와 화평의 길로 나오게 하소서.

남한이 진정성 있는 봉사와 대화로
북한의 신뢰를 얻게 하소서.
유엔을 비롯한 열방들이
남북한 통일을 지지하고 도모하게 하소서.
누구보다 먼저 교회가 앞장서서
평화통일을 위해 기도하고 준비하게 하소서.

남북통일은 역사의 주이신 하나님께 달렸사오니
그리스도 안에서 수년 내에 통일되게 하소서.

예수님의 이름으로 기도합니다. 아멘.

나의 기도

말씀

오직 우리 주 곧 구주 예수 그리스도의 은혜와 그를 아는 지식에서 자라 가라
영광이 이제와 영원한 날까지 그에게 있을지어다(벧후 3:18)

찬양

주와 같이 되기를 내가 항상 원하니
온유하고 겸손한 주의 마음 주소서
세상에서 우리가 나그네로 있을 때
주의 형상 닮아서 살아가게 하소서(찬 454)

샘플 기도

성숙을 위한 기도

"일하기 위해 시간을 내십시오.
그것은 성공의 대가입니다.
생각하기 위해 시간을 내십시오.
그것은 능력의 근원입니다.
운동하기 위해 시간을 내십시오.
그것은 끊임없이 젊음을 유지하는 비결입니다.
독서하기 위해 시간을 내십시오.
그것은 지혜의 원천입니다.
봉사하기 위해 시간을 내십시오.
그것은 행복으로 가는 길입니다.
꿈을 꾸기 위해 시간을 내십시오.

그것은 대망을 품는 것입니다.
사랑하고 사랑받는 데 시간을 내십시오.
그것은 구원받은 자의 특권입니다.
주위를 살펴보는 데 시간을 내십시오.
이기적으로 살기에는 너무 짧은 하루입니다.
웃기 위해 시간을 내십시오.
그것은 영혼의 음악입니다.
기도하기 위해 시간을 내십시오.
그것은 인생의 영원한 투자입니다."(레프 톨스토이)

오 주 하나님,
그리스도를 아는 지식이 자라고 성숙하여
주님의 장성한 분량에 이르게 하소서.

예수님의 이름으로 기도합니다. 아멘.

나의 기도

말씀

그런즉 거짓을 버리고 각각 그 이웃과 더불어 참된 것을 말하라
이는 우리가 서로 지체가 됨이라(엡 4:25)

찬양

항상 진실케 내 맘 바꾸사 하나님 닮게 하여 주소서
주는 토기장이 나는 진흙 날 빚으소서 기도하오니
항상 진실케 내 맘 바꾸사 하나님 닮게 하여 주소서

───────── 샘플 기도 ─────────

십계명으로 드리는 회개기도(9계명)

"악한 말은 선한 말들조차 악하게 만들지만,
선한 말은 모두에게 유익하다."(마카리오스)

오 주 하나님,
거짓은 마귀의 일인데
하나님 자녀인 제가 거짓을 말하곤 합니다.

굳이 안 해도 되는데
무의식적으로 거짓을 말하고
나를 드러내고자 거짓을 말하고
더 가지려고 거짓을 말하고

시기와 질투로 인해 거짓을 말합니다.
키리에 엘레이손, 주여 나를 긍휼히 여기소서.

파라클레토스 보혜사 성령이시여
내 안에 정직한 마음을 창조하시고
거룩한 영으로 충만케 하소서.
거짓은 모양이라도 버리게 하소서.
진실하고 선한 말만 하여
덕이 되고, 은혜가 되게 하소서.
시와 찬미와 신령한 노래로 찬양하게 하소서.

예수님의 이름으로 기도합니다. 아멘.

나의 기도

말씀
너희도 함께 갇힌 것 같이 갇힌 자를 생각하고
너희도 몸을 가졌은즉 학대 받는 자를 생각하라(히 13:3)

찬양
겸손히 주를 섬길 때 괴로운 일이 많으나
구주여 내게 힘주사 잘 감당하게 하소서(찬 212)

─────── 샘플 기도 ───────

북한을 위한 기도

하나님 아버지,
가난한 자, 고통받는 자
슬퍼하는 자, 갇힌 자의 하나님이 되시고
그들의 신음을 듣고 회복시키시는 주님을 찬양합니다.

키리에 엘레이손
주여, 북한을 긍휼히 여기소서.
식량 부족으로 인해 고통받는
주민들과 아이들을 긍휼히 여겨주소서.
억울하게 갇혀 고문과 박해를 받는
사람과 성도들을 긍휼히 여겨주소서.
주변국을 전전하는 탈북민들이

자유와 안정을 누리도록 긍휼히 여겨주소서.
이 땅에 정착한 새터민들이 그리스도를 믿고
삶의 터를 안전하게 잡을 수 있도록 긍휼히 여겨주소서.

북한이 핵 개발을 포기하고
비핵화와 화평의 길로 나오게 하소서.
북한의 신격화 체제가 무너지고
주의 복음이 자유롭게 전파되게 하소서.

구원은 여호와께 있사오니
주의 복을 주의 백성에게 내리소서.

예수님의 이름으로 기도합니다. 아멘.

나의 기도

제21일 정오의 기도

말씀
악에게 지지 말고 선으로 악을 이기라(롬 12:21)

찬양
우리는 사랑의 띠로 하나가 되었습니다
하나님을 사랑하고 예수님의 사랑을 널리 전하세
모두 찬양하며 주의 사랑을 전하세
모두 함께 예수님의 사랑을 세상에 널리 알리세

샘플 기도

관계를 위한 기도

오 주 하나님,
무엇에든지 악은 미워하고, 선을 따르게 하소서.
나보다 그를 먼저 생각하고 배려하게 하소서.
맡겨진 일은 주께 하듯 충실히 하게 하소서.
나누고 베풀고 섬기는 일을 즐겨 하게 하소서.

나를 드러내지 않고 겸손히 행하게 하소서.
비판하고 욕하는 이를 온유로 대하고 축복하게 하소서.
할 수 있는 대로 모든 사람과 화목하게 하소서.
악을 악으로 갚지 않고 선으로 악을 이기게 하소서.

내 힘으로 불가하오니
나는 날마다 죽고
내 안에 사시는 그리스도와 함께
기도로 감사로 소망으로 넉넉히 이기게 하소서.

예수님의 이름으로 기도합니다. 아멘.

나의 기도

말씀

그러므로 땅에 있는 지체를 죽이라
곧 음란과 부정과 사욕과 악한 정욕과 탐심이니 탐심은 우상 숭배니라(골 3:5)

찬양

나 무엇과도 주님을 바꾸지 않으리
다른 어떤 은혜 구하지 않으리
오직 주님만이 내 삶에 도움이시니
주의 얼굴 보기 원합니다
주님 사랑해요 온 맘과 정성 다해
하나님의 신실한 친구 되기 원합니다

─── 샘플 기도 ───

십계명으로 드리는 회개기도(10계명)

"탐욕은 마치 굶주린 늑대처럼 사람들과 그들의 행복을 갈가리
찢고 사회질서를 무너뜨리는 최대의 적이다."(단테 알리기에리)

오 주 하나님,
내 안에 탐심이 있습니다.
주신 것으로 자족 감사하지 못하고
돈, 물질, 소유에 대한 탐심이
내 안에 도사리고 있어 기회만 되면
불안, 불만, 집착, 거짓, 우상숭배로 이어집니다.

키리에 엘레이손, 주여 나를 긍휼히 여기소서.

파라클레토스 보혜사 성령이여,
오셔서 나를 다스려 주소서.
주님 한 분만으로 만족하게 하소서.
그리스도로 충만케 하시어
내게 있는 것을 주께 드리고
이웃에게 나누는 기쁨을 가득 누리게 하소서.

예수님의 이름으로 기도합니다. 아멘.

나의 기도

Day 22 - Day 31

중보기도
일과기도, 주기도
회개기도로 드리는
정시기도

말씀

네 집 안방에 있는 네 아내는 결실한 포도나무 같으며
네 식탁에 둘러 앉은 자식들은 어린 감람나무 같으리로다
여호와를 경외하는 자는 이같이 복을 얻으리로다(시 128:3-4)

찬양

날마다 주님을 의지하는 우리집 온 가족 복되어라
다 함께 모여서 찬양하니 하늘의 위로가 넘쳐나네
할렐루야 우리 가정 사랑과 행복의 안식처
할렐루야 우리 가정 주님만 모시고 살아가리(찬 556)

샘플 기도

가정을 위한 기도

하나님 아버지,
우리 가정 안에 내가 태어나게 하시고
그 안에서 자라게 하셔서
오늘의 나와 식구들이 있게 하심에 감사합니다.

식구들이 천국 시민으로 살아가는
꿈이 있는 가정이 되게 하소서.
세상 유혹과 고난에서도 평안을 누리는
쉼이 있는 가정이 되게 하소서.
고생하는 노동의 수고가 사랑의 떡이 되는

형통이 있는 가정이 되게 하소서.
무엇보다 하나님을 가까이하는
예배가 있는 가정이 되게 하소서.

주여
우리 가정을 주의 사랑과 뜻이 실현되는
이 땅의 작은 천국으로 세우시옵소서.

예수님의 이름으로 기도합니다. 아멘.

나의 기도

말씀

주께서 택하시고 가까이 오게 하사 주의 뜰에 살게 하신 사람은 복이 있나이다
우리가 주의 집 곧 주의 성전의 아름다움으로 만족하리이다(시 65:4)

찬양

내 주를 가까이 하게 함은
십자가 짐 같은 고생이나
내 일생 소원은 늘 찬송하면서
주께 더 나가기 원합니다(찬 338)

✦ ────────── 샘플 기도 ──────────

주님을 향한 세 가지 기도

"오 주 하나님,
날마다 주님을 향한 세 가지를 기도합니다.
주님을 더욱 분명히 알고
주님을 더욱 사랑하고
주님을 더욱 가까이 따르는 것이
매일의 삶이 되게 하소서."(성 리차드)

오 주여
오직 주님만을 구하오니
언제나 나와 동행하소서.

예수님의 이름으로 기도합니다. 아멘.

나의 기도

말씀

너희는 다시 무서워하는 종의 영을 받지 아니하고 양자의 영을 받았으므로
우리가 아빠 아버지라고 부르짖느니라(롬 8:15)

찬양

사랑하는 나의 아버지 이름 높여 드립니다
주의 나라 찬양 속에 임하시니 능력의 주께 찬송하네
전능하신 하나님 찬양 언제나 동일하신 주
전능하신 하나님 찬양 영원히 다스리네

✦ ───── (샘플 기도) ─────

주기도로 드리는 회개기도 1

"십계명을 통해 자신의 질병을, 사도신경을 통해 위대한 의사를,
주기도에서는 그 약이 어떤 것인지를 보여준다. 그리스도인의 삶
에서 이것 이상 필요한 것은 없다."(티모시 웽거트)

키리에 엘레이손
주여, 나를 긍휼히 여기소서.

하나님을 '하늘에 계신 우리 아버지'라고 부르면서
하늘이 아닌 세상 일, 나의 일에 붙들려 살았습니다.
아버지를 믿지 못하고 근심 걱정하며 살았습니다.
아버지의 성품과 뜻에 합당하게 살지 못했습니다.

아버지를 높이고 그 사랑을 널리 전하지 못했습니다.

파라클레토스 보혜사 성령이시여,
하나님을 더 많이 더 깊이 알게 하소서.
하나님을 더 사모하고 더 사랑하게 하소서.
하나님을 더 가까이 더 온전히 따르게 하소서.

예수님의 이름으로 기도합니다. 아멘.

나의 기도

말씀

이러므로 남자가 부모를 떠나 그의 아내와 합하여 둘이 한 몸을 이룰지로다(창 2:24)

찬양

예수 따라가며 복음 순종하면 우리 행할 길 환하겠네
주를 의지하며 순종하는 자를 주가 늘 함께 하시리라
의지하고 순종하는 길은 예수 안에 즐겁고 복된 길이로다(찬 449)

샘플 기도

배우자를 위한 기도

하나님 아버지,
우리를 선하신 섭리 가운데 만나게 하시고
언약을 통하여 일생의 반려자 되게 하시니 감사합니다.

하오나
서로 온전히 사랑하고 신뢰하지 못하여
종종 불평하고 원망하며 살고 있사오니
주여, 우리를 긍휼히 여기소서.

우리 힘으로 불가하오니
십자가 사랑을 부어주셔서 한 몸 되게 하시고
서로를 신뢰하고 기뻐하게 하소서.

교회가 주님께 하는 것처럼
서로 존경하고 순종하게 하소서.
주께서 교회에 하신 것처럼
서로 사랑하고 보호하게 하소서.

우리를 완전한 사랑, 아가페(고전 13:4-7)로 이끄시어
서로의 존재가 기쁨이요 감사요, 행복이 되게 하소서.

우리 가정을 축복하시고
우리로 인하여 온 가족이 화목하게 하시고
하늘의 복을 누리게 하소서.

예수님의 이름으로 기도합니다. 아멘.

나의 기도

말씀

대답하되 주께서 쓰시겠다 하고 그것을 예수께로 끌고 와서
자기들의 겉옷을 나귀 새끼 위에 걸쳐 놓고 예수를 태우니(눅 19:34-35)

찬양

나의 모습 나의 소유 주님 앞에 모두 드립니다
모든 아픔 모든 기쁨 내 모든 눈물 받아주소서
나의 생명을 드리니 주 영광 위하여 사용하옵소서
내가 사는 날 동안에 주를 찬양하며 기쁨의 제물 되리
나를 받아주소서

✦ ─────⟨ 샘플 기도 ⟩─────

쓰임 받기를 구하는 기도

"주 예수님,
주께서 뜻하시고 바라시는 일이 무엇이든
그 일에 저를 사용해 주소서.

제 마음은 가난하여 빈 그릇과 같으니
당신의 은혜로 채워주옵소서.
제 영혼은 죄로 더럽혀졌고 번민에 싸여 있으니
당신의 사랑으로 소생시키시고 새롭게 하소서.

제 마음을 가지사

당신의 거처로 사용하소서.
제 입을 사용하시어
당신의 영광스러운 이름을 전파하게 하소서.

제 사랑과 모든 힘을 사용하시어
그리스도 안에 있는 형제자매들을
세워 줄 수 있게 하옵소서.
제 믿음의 확신이 풀어지지 않게 하시며,
어느 때나 예수님께서 나를 필요하다 하시면
'예'라고 진실하게 답하게 해주옵소서."(D. L. 무디)

예수님의 이름으로 기도합니다. 아멘.

나의 기도

말씀

우리 구원의 하나님이여 주의 이름의 영광스러운 행사를 위하여 우리를 도우시며
주의 이름을 증거하기 위하여 우리를 건지시며 우리 죄를 사하소서(시 79:9)

찬양

거룩하신 하나님 주께 감사 드리세
날 위해 이 땅에 오신 독생자 예수
내가 약할 때 강함 주고
가난할 때 우리를 부요케 하신 나의 주 감사

✦ ————————— 샘플 기도 —————————

주기도로 드리는 회개기도 2

"사람의 제일 되는 목적은 하나님을 영화롭게 하는 것과 영원토
록 그를 즐거워하는 것이다."(웨스트민스터 교리문답 제1문)

자존자요, 창조주요, 역사의 주이신 하나님께서
예수 임마누엘 그리스도로 세상에 오셔서
우리를 십자가로 구원하셨음을 믿습니다.

거룩하신 주의 이름이 영원히 높임받아야 하건만
주님을 우선하여 찬양하고 예배하지 않았습니다.
교회를 세상의 희망으로 세우지 못했습니다.
하나님 자녀로서 아름답고 복되게 살지 못했습니다.

주의 구원의 이름과 사랑을 널리 전하지 못했습니다.
키리에 엘레이손, 주여 나를 긍휼히 여기소서.

파라클레토스 보혜사 성령이시여,
언제 어디서나 주의 이름을 높이고 전하며 살게 하소서.
무엇에든지 칭찬받고 사랑받는 자로 살게 하시어
주의 이름이 영광을 받게 하소서.

예수님의 이름으로 기도합니다. 아멘.

나의 기도

말씀

내 아들아 그러므로 너는 그리스도 예수 안에 있는 은혜 가운데서 강하고(딤후 2:1)

찬양

예수 사랑하심을 성경에서 배웠네
우리들은 약하나 예수 권세 많도다
날 사랑하심 날 사랑하심
날 사랑하심 성경에 쓰였네(찬 563)

✦ ——————— (샘플 기도) ———————

자녀를 위한 기도

하나님 아버지,
생명의 유산이요 상급인 자녀를 주셔서 감사합니다.

하오나
때때로 내 감정과 마음대로 자녀를 훈육하여 상처 주고
부모로서 신앙의 모범을 보이지 못한 적 많사오니
키리에 엘레이손, 주여 긍휼히 여기소서.

하나님을 아는 것이
지혜의 근본이요 명철이라고 하셨으니
하나님을 인격적으로 만나 평생 주님을 따르게 하소서.

자신만의 사명을 발견하고 그 길로 매진하게 하소서.
어떤 고난도 능히 이겨 내는 강건함과 용기를 더하소서.
사소한 것에서 행복을 느끼는 자족과 겸허를 주소서.
어디서나 사랑받고 칭찬 듣는 주의 자녀 되게 하소서.

오 주 하나님
하나님을 가까이하여
때를 따라 도우시는 하나님의 풍성을
날마다 누리게 하소서.

예수님의 이름으로 기도합니다. 아멘.

나의 기도

말씀

경우에 합당한 말은 아로새긴 은 쟁반에 금 사과니라(잠 25:11)

찬양

나의 입술의 모든 말과 나의 마음의 묵상이
주께 열납 되기를 원하네
생명이 되신 주 반석이 되신 주
나의 입술의 모든 말과 나의 마음의 묵상이
주께 열납 되기를 원하네

샘플 기도

합당한 말을 위한 기도

오 주 하나님,
말은 적게 하고, 많이 듣게 하소서.
형제와 이웃의 말에 귀 기울이게 하소서.

쓸데없는 말
안 해도 되는 말
나를 드러내는 말 하지 않게 하소서.

언제나 진실한 말을 하기 원합니다.
언제나 유익한 말을 하기 원합니다.
언제나 온유한 말을 하기 원합니다.

내 입에 파수꾼을 세우사
경우에 합당한 말만 하게 하소서.
사람을 살리고 세우는 말을 하게 하소서.

예수님의 이름으로 기도합니다. 아멘.

나의 기도

말씀

이 때부터 예수께서 비로소 전파하여 이르시되
회개하라 천국이 가까이 왔느니라 하시더라(마 4:17)

찬양

이곳에 생명 샘 솟으나 눈물 골짝 지나갈 때에
머잖아 열매 맺히고 웃음 소리 넘쳐나리라
꽃들도 구름도 바람도 넓은 바다도
찬양하라 찬양하라 예수를
하늘을 울리며 노래해 나의 영혼아
은혜의 주 은혜의 주 은혜의 주

샘플 기도

주기도로 드리는 회개기도 3

"하나님 나라는 창세 전에 세운 하나님 아버지의 계획이고, 예수
님이 세상에 오신 목적이며, 성경 전반에 흐르는 핵심적인 주제
이고, 교회의 위대한 사명이며, 모든 그리스도인의 위대한 비전
이다."

오 주 하나님 아버지,
자녀 된 저와 주의 교회가
완전한 하나님의 다스림을 받지 않아
이 땅에 하나님 나라가 이루어지지 않고 있습니다.

부끄럽고 슬프게도 저부터 불의에 매여 삽니다.
교회가 교회다움을 상실하고 육신의 일을 도모합니다.
오늘도 세계 곳곳에서 기근과 전쟁이 그치지 않습니다.
키리에 엘레이손, 주여 우리를 긍휼히 여기소서.

주 성령이여
오셔서 나를 다스려 주소서.
주의 성령으로 권능받고 증인 되어
지금 여기부터 땅끝까지 교회를 세우며
온 땅에 하나님 나라 이뤄지도록 나를 사용하소서.
마라나타 주 예수여, 어서 오시옵소서.

예수님의 이름으로 기도합니다. 아멘.

나의 기도

말씀

네 부모를 즐겁게 하며 너를 낳은 어미를 기쁘게 하라(잠 23:25)

찬양

낳으시고 길러주신 어버이의 큰 사랑 바다보다 넓으시고
산보다도 높은 사랑 하나님을 경외하신 어버이의 크신 사랑
내게 주신 크신 은혜 하나님을 찬양하세
주님 은혜 감사하며 영광 찬양 할렐루야(찬 577)

샘플 기도

부모님(어르신)을 위한 기도

하나님 아버지,
부모님으로 인하여 내가 태어나게 하시고,
오늘의 나로 존재하게 하심에 감사합니다.

하오나
때때로 사랑과 존경을 표하지 못하고
도리어 불손하게 행하고
불효하였음을 회개하오니
키리에 엘레이손, 주여 긍휼히 여기소서.

부모님의 건강을 지켜주소서.

연로할지라도 믿음으로 속사람이 강건하게 하소서.
심령이 평온하여 감사와 행복이 가득하게 하소서.
하나님을 더 가까이하여 동행의 기쁨을 보게 하소서.
합당한 칭찬, 경륜, 지혜를 나누는(시 71:18)
축복의 사람으로 삼으소서.
하늘나라의 꿈이 점점 더 선명해져서
끝까지 사명을 완수하는 인생 승리자가 되게 하소서.

부모님의 인격과 능력에 상관없이
존재만으로 우리 자녀들이
존경과 공경의 마음을 잃지 않게 하시고
마음과 힘을 다해 효도하도록 인도하소서.

예수님의 이름으로 기도합니다. 아멘.

나의 기도

말씀

우리 각 사람이 이웃을 기쁘게 하되 선을 이루고 덕을 세우도록 할지니라(롬 15:2)

찬양

내 맘의 주여 소망 되소서
주 없이 모든 일 헛되어라
밤에나 낮에나 주님 생각
잘 때나 깰 때 함께 하소서(찬 484)

✦ ————⟨ 샘플 기도 ⟩————

성공을 위한 기도

"성공이란
자주 많이 웃는 것이다.
이웃들에게 존경받는 것이다.
아이들에게 사랑받는 것이다.
같이 일하는 이들에게 칭찬받은 것이다.

친구의 배신을 참아내는 것이다.
일상의 아름다움을 보고 즐기며 사는 것이다.
다른 사람의 장점을 발견하는 것이다.

아이를 건강하게 키우는 것이다.

정원을 아름답게 가꾸는 것이다.
사회 환경을 개선하는 것이다.

내가 사는 곳을 내가 태어나기 전보다 조금이라도
더 살기 좋은 세상으로 만들어 놓고 떠나는 것이다.
내가 한때 이곳에 살았으므로
한 사람의 인생이라도 더 행복해지게 하는 것이다.

이것이 진정한 성공이다."(랄프 왈도 에머슨)

오 주 하나님
허황한 성공을 꿈꾸지 않게 하시고
하루하루 주님과 함께 소박하고 충실하게 살아
날마다 감사가 넘치는 성공의 삶이 되게 하소서.

예수님의 이름으로 기도합니다. 아멘.

나의 기도

말씀

예수께서 돌이키사 제자들을 보시며 베드로를 꾸짖어 이르시되
사탄아 내 뒤로 물러가라 네가 하나님의 일을 생각하지 아니하고
도리어 사람의 일을 생각하는도다 하시고(막 8:33)

찬양

주님의 뜻을 이루소서 고요한 중에 기다리니
진흙과 같은 날 빚으사 주님의 형상 만드소서(찬 425)

───── 샘플 기도 ─────

주기도로 드리는 회개기도 4

"인간이 가질 수 있는 가장 위대한 지식은 하나님의 뜻을 아는 것
이고, 인간이 행할 수 있는 가장 위대한 업적은 하나님의 뜻을 행
하는 것이다."(조지 트루엣)

하나님 아버지,
오늘도 하나님의 뜻을 찾고 구하기보다는
내 뜻 내 생각 내 야망을 좇아 살았습니다.

쉬지 않고 기도하는 것
정직하게 행하는 것
먼저 용서하고 화목하게 지내는 것

힘써 전도하는 것
선으로 악을 이기는 것이
하나님의 뜻인 줄 알면서도 순종 복종하지 못했습니다.
키리에 엘레이손, 주여 나를 긍휼히 여기소서.

보혜사 성령이시여
내 힘으로 불가하오니
나를 주장하사 늘 가난한 마음으로
언제나 주님의 뜻에 기꺼이 '아멘'하도록 믿음을 주소서.

예수님의 이름으로 기도합니다. 아멘.

나의 기도

말씀

형제를 사랑하여 서로 우애하고 존경하기를 서로 먼저 하며(롬 12:10)

찬양

하나님께서 당신을 통해 메마른 땅에 샘물나게 하시기를
가난한 영혼 목마른 영혼 당신을 통해 주 사랑 알기 원하네

── ✦ ──────────(샘플 기도)──────────

형제자매(친인척)를 위한 기도

하나님 아버지,
부모님을 통해서 우리가 태어나고
함께 성장하여 오늘에 이르게 하시니 감사합니다.

형제들이 예수님을 잘 믿어
하나님 자녀의 평안과 축복을 누리게 하소서.
부모님을 존중하며 공경하게 하소서.
맡은 일을 충실하게 행하여 범사가 잘되게 하소서.
서로 이해하고 배려하며 돕는 우애가 있게 하소서.
믿음으로 교회를 섬기는 순전한 신앙인이 되게 하소서.

헐몬의 이슬이 시온의 산들에 내림같이
하나님의 축복이 부모님과 형제자매들과

자녀들과 자손들에게 흘려내려
만세에 임마누엘 복된 가문이 되게 하소서.

예수님의 이름으로 기도합니다. 아멘.

나의 기도

말씀

감사함으로 그의 문에 들어가며 찬송함으로 그의 궁정에 들어가서
그에게 감사하며 그의 이름을 송축할지어다(시 100:4)

찬양

날 구원하신 주 감사 모든 것 주심 감사
지난 추억 인해 감사 주 내 곁에 계시네
향기론 봄철에 감사 외론 가을날 감사
사라진 눈물도 감사 나의 영혼 평안해

샘플 기도

범사에 감사 기도

"주님! 때때로 병들게 하심을 감사합니다.
인간의 약함을 깨닫게 하시기 때문입니다.

가끔 고독의 수렁에 내던져 주심도 감사합니다.
주님과 가까워지는 기회이기 때문입니다.

일이 내 계획대로 안 되게 하심도 감사합니다.
나의 교만을 회개할 수 있기 때문입니다.

아들딸이 걱정거리가 되고
부모 동기가 짐으로 느껴질 때도 있음에 감사합니다.

그로 인해 인간 된 보람을 깨닫기 때문입니다.

먹고 사는데 힘겹게 하심을 감사합니다.
눈물로 빵을 먹는 심정을 이해할 수 있기 때문입니다.

불의와 허위가 득세하는 시대에 태어난 것도 감사합니다.
하나님의 의가 분명히 드러나기 때문입니다.

땀과 고생의 잔을 맛보게 하심을 감사합니다.
그 안에서 주님의 사랑을 깨닫기 때문입니다.

주님! 이 모든 것에
감사할 수 있는 마음을 주심을 감사합니다."(어느 무명 용사의 기도)

예수님의 이름으로 기도합니다. 아멘.

나의 기도

말씀

곧 헛된 것과 거짓말을 내게서 멀리 하옵시며 나를 가난하게도 마옵시고
부하게도 마옵시고 오직 필요한 양식으로 나를 먹이시옵소서(잠 30:8)

찬양

내 죄 속해 주신 주께 힘과 정성 다하니
나의 온갖 언행심사 주를 위한 것일세
내게 있는 모든 것을 주를 위해 바치리
내게 있는 모든 것을 주를 위해 바치리(찬 215)

샘플 기도

주기도로 드리는 회개기도 5

"내 빵은 없다. 모든 빵은 우리 것으로 내게 주어진 것이다. 나를
통해서 다른 이에게, 다른 이들을 통해 내게 주어진 것이다."(마이
스터 에크하르트)

하나님 아버지,
베푸신 일용할 양식에 자족하고 감사하기보다
자주 불평하고 걱정하고 다투었습니다.
기근과 전쟁으로 굶주리고 고통받는 이웃들이 있는데
짐짓 외면하고 나의 풍족과 안전만 구하며 살았습니다.
키리에 엘레이손, 주여 나를 긍휼히 여기소서.

세상 양식의 문제를 나 홀로 해결할 수는 없어도
내 곁 이웃의 고통을 외면하지 않고 나누게 하셔서
풍성한 오병이어의 기적이 오늘도 일어남을 보게 하소서.

예수님의 이름으로 기도합니다. 아멘.

나의 기도

말씀

오직 성령이 너희에게 임하시면 너희가 권능을 받고
예루살렘과 온 유대와 사마리아와 땅 끝까지 이르러
내 증인이 되리라 하시니라(행 1:8)

찬양

온 세상 위하여 나 복음 전하리
만백성 모두 나와서 주 말씀 들으라
죄 중에 빠져서 헤매는 자들아
주님의 음성 듣고서 너 구원받으라
전하고 기도해 매일 증인 되리라
세상 모든 사람 다 듣고 그 사랑 알도록(찬 505)

샘플 기도

세계 선교를 위한 기도

하나님 아버지,
선교사들의 헌신과 희생의 피로
이 땅에 복음이 싹트고 자라서
오늘의 나와 한국 교회가 있게 하시니 감사합니다.

이제 나부터 주님의 지상 명령과
선교사의 순교 정신을 잊지 않고 이어가게 하소서.
오늘도 세계 곳곳의 선교 현장에서 핍박과 박해

언어와 문화의 차이로 인한 어려움이 많사오니
임마누엘의 능력으로 이기게 하소서.
열방의 모든 교회가 주님의 지상명령에 순종하는
선교적 교회가 되게 하시고
더 많은 선교사를 파송하며
물질과 기도로 후원하게 하소서.

마라나타, 주 예수여!
속히 오시옵소서.

예수님의 이름으로 기도합니다. 아멘.

나의 기도

말씀

여호와께서 너를 지켜 모든 환난을 면하게 하시며 또 네 영혼을 지키시리로다
여호와께서 너의 출입을 지금부터 영원까지 지키시리로다(시 121:7-8)

찬양

하나님은 너를 지키시는 자 너의 우편에 그늘 되시니
낮의 해와 밤의 달도 너를 해치 못하리
하나님은 너를 지키시는 자 너의 환란을 면케 하시니
그가 너를 지키시라 너의 출입을 지키시리라
눈을 들어 산을 보아라 너의 도움 어디서 오나
천지 지으신 너를 만드신 여호와께로다

샘플 기도

출입을 위한 기도

"대문을 나선다.
먹고 마시는 것을 위하여/ 바쁜 걸음으로
대문을 나서는/ 이를 긍휼히 여기소서.

집으로 돌아온다./ 하루를
몇 개의 은전(銀錢)과 바꾸고/ 지쳐서 어깨가 축 늘어져
문을 들어서는/ 이를 긍휼히 여기소서.

주림도 갈증도/ 당신이 베풀어 주신 것

주여,/ 우리의 출입이
당신으로 말미암아/ 당신에게로 돌아가는 것

당신이 열어주심으로/ 문이 열리고
당신이 닫아주심으로/ 문이 닫히는
우리들의 출입

설사 몇 푼의 은전으로
오늘과 바꾸는/ 이 측은한 출입 속에서도
그늘이 되고/ 우리들의 영혼을 지켜주소서.

낮의 해가/ 우리를 상하지 말게 하고
밤의 달이/ 우리를 해치지 아니하도록
우리들의 영혼을 지켜주소서."(박목월)

예수님의 이름으로 기도합니다. 아멘.

나의 기도

말씀

주는 나를 용서하사 내가 떠나 없어지기 전에 나의 건강을 회복시키소서(시 39:13)

찬양

내가 예수 믿고서 죄사함 받아 나의 모든 것 다 변했네
지금 내가 가는 길 천국 길이요 주의 피로 내 죄가 씻겼네
나의 모든 것 변하고 그 피로 구속 받았네
하나님은 나의 구원 되시오니 내게 정죄함 없겠네(찬 421)

───── 샘플 기도 ─────

주기도로 드리는 회개기도 6

"죄 사함을 경험한 사람은 실로 얼마나 행복한가! 그 안전과 기쁨은 말로 다 할 수가 없다."(존 스토트)

하나님 아버지,
오늘도 하나님께서
'하지 말라' 하신 악한 일을 행하였고
'하라'고 명하신 선한 일을 행치 않았습니다.
죄성과 연약함으로 때마다 일어나는
악하고 부정한 생각을 마음에 품고 살기도 했습니다.

키리에 엘리에손, 주여 나를 불쌍히 여기소서.

이 밤에 진실로 회개하오니
십자가 보혈로 정결케 하시고
다시 의와 거룩함으로 살게 하소서.

오 파라클레토스 성령이시여
나는 십자가에 죽고
내 안에 사시는 그리스도와 함께
날마다 동행하게 하소서.
능히 죄를 이기며 살게 하소서.

예수님의 이름으로 기도합니다. 아멘.

나의 기도

말씀

내가 달려갈 길과 주 예수께 받은 사명 곧 하나님의 은혜의 복음을 증언하는 일을
마치려 함에는 나의 생명조차 조금도 귀한 것으로 여기지 아니하노라(행 20:24)

찬양

빛의 사자들이여 어서 가서 어둠을 물리치고
주의 진리 모르는 백성에게 복음의 빛 비춰라
빛의 사자들이여 복음의 빛 비춰라
죄로 어둔 밤 밝게 비춰라 빛의 사자들이여(찬 502)

샘플 기도

선교사를 위한 기도

하나님 아버지,
주님의 지상명령에 순종하여
온 세상으로 나가 주의 복음을 전하는
선교사들이 있음에 고맙고, 감사합니다.

모든 선교사들이
구원을 주시는 십자가 부활의 복음으로 충만케 하시고
성령으로 담대하고 온유하게 예수를 전하게 하소서.
복음을 전할 때마다 사람들의 마음이 열려
풍성한 구원의 열매가 있게 하소서.
하나님의 전신갑주로 무장하여

핍박과 박해의 영적 전투에서 능히 이기게 하소서.
선교사의 가정과 자녀를 악에서 보호하시고
모든 것이 합력하여 선을 이루게 하소서.
교회 세움과 선교를 위한 필요를 채우시고
하나님의 풍성을 누리게 하소서.

마라나타, 주 예수여!
속히 오시옵소서.

예수님의 이름으로 기도합니다. 아멘.

나의 기도

말씀

주의 얼굴을 주의 종에게 비추시고 주의 사랑하심으로 나를 구원하소서(시 31:16)

찬양

내 영혼에 햇빛 비치니 주 영광 찬란해
이 세상 어떤 빛보다 이 빛 더 빛나네
주의 영광 빛난 그 빛 내게 비춰주시옵소서
그 밝은 얼굴 뵈올 때 나의 영혼 기쁘다(찬 428)

─── 샘플 기도 ───

나의 구원을 위한 기도

"오직 저 자신에게서 저를 구해주소서.
모든 것을 내 맘대로 바꾸려고 하고
정당한 이유 없이 행동하려 하며
목적 없이 감정 따라 움직이려 하고
주님이 정해 놓으신 모든 것을 흩으려 하는
저 자신의 사적이고 악한 충동에서 저를 구해주소서.

이제, 주님의 안식 안에 쉬면서
침묵하게 하소서.
그러면 당신의 기쁨의 빛이
제 삶을 따뜻하게 만들어 줄 것입니다.

그 불길은 제 가슴속에서 타오르며
당신의 영광을 위해 빛날 것입니다.
이것이 바로 제가 사는 이유입니다.
아멘, 아멘!"(토마스 머튼)

예수님의 이름으로 기도합니다. 아멘.

나의 기도

말씀

누가 누구에게 불만이 있거든 서로 용납하여 피차 용서하되
주께서 너희를 용서하신 것 같이 너희도 그리하고(골 3:13)

찬양

아름다운 마음들이 모여서 주의 은혜 나누며
예수님을 따라 사랑해야지 우리 서로 사랑해
하나님이 가르쳐 준 한 가지 내 이웃을 내 몸과 같이
미움 다툼 시기 질투 버리고 우리 서로 사랑해

── ✦ ────────── 샘플 기도 ──────────

주기도로 드리는 회개기도 7

"살아있을 때 이웃에게 한 번이라도 더
따스한 격려의 말과 웃음을 주게 하소서."(이해인)

하나님 아버지,
아직도 내 안에 옛 자아가 남아있어
맘에 들지 않고 상대하기 싫은 사람이 있습니다.
미워하고 욕하고 마구 비난하고 싶기도 합니다.
도저히 용서할 수 없는 자도 있습니다.
키리에 엘리에손, 주여 나를 불쌍히 여기소서.

내 힘으로 불가하오니

파라클레토스 성령이시여
나를 십자가로 이끄소서.
내가 더 큰 죄인임을 보게 하시어
용서하라, 사랑하라는 주의 말씀에
기꺼이 순종하게 하소서.
할 수 있는 대로 모든 사람과 화목한 자로
평화를 누리며 살게 하소서.

예수님의 이름으로 기도합니다. 아멘.

나의 기도

제29일 아침의 기도

말씀

너희는 넉 달이 지나야 추수할 때가 이르겠다 하지 아니하느냐
그러나 나는 너희에게 이르노니
너희 눈을 들어 밭을 보라 희어져 추수하게 되었도다(요 4:35)

찬양

물 위에 생명줄 던지어라 누가 저 형제를 구원하랴
우리의 가까운 형제이니 이 생명줄 그 누가 던지려나
생명줄 던져 생명줄 던져 물속에 빠져간다
생명줄 던져 생명줄 던져 지금 곧 건지어라(찬 500)

$\overline{}$ 샘플 기도 $\overline{}$

예비 신자를 위한 기도

하나님 아버지,
누군가의 말과 삶을 통하여 내게 복음을 알리시고
그것을 믿어 하나님 자녀가 되게 하시니 감사합니다.

이제 저도 기쁨으로 그에게
주의 복음을 전하기 원하오니
성령으로 충만하게 하소서.

그의 마음을 여셔서 영생에 대한 궁금증을 갖게 하소서.
사단이 그를 침범하지 못하도록 지키시고 보호하소서.

초청할 때 기꺼이 응하여 복음을 듣고 영접하게 하소서.
주님 마음으로 항상 준비하여 지혜롭게 섬기게 하소서.

십자가 구원의 은혜에 감격하여
때를 얻든지 못 얻든지 언제나 어디서나
복음 전도자로 살아가게 하소서.

예수님의 이름으로 기도합니다. 아멘.

나의 기도

말씀

내 눈을 열어서 주의 율법에서 놀라운 것을 보게 하소서(시 119:18)

찬양

내게로부터 눈을 들어 주를 보기 시작할 때 주의 일을 보겠네
내 작은 마음 돌이키사 하늘의 꿈꾸게 하네 주님을 볼 때
모든 시선을 주님께 드리고 살아계신 하나님을 느낄 때
내 삶은 주의 역사가 되고 하나님이 일하기 시작하네

샘플 기도

열림을 위한 기도

"주여, 나에게 열어주소서.
나에게 열어주소서. 어둠에서 빛으로
나에게 열어주소서. 두려움에서 용기로
나에게 열어주소서. 절망에서 소망으로
나에게 열어주소서. 번잡함에서 평화로
나에게 열어주소서. 연약함에서 강함으로
나에게 열어주소서. 무지에서 지혜로
나에게 열어주소서. 죄악에서 속죄함으로
나에게 열어주소서. 난폭함에서 온유함으로
나에게 열어주소서. 증오에서 사랑으로
나에게 열어주소서. 오직 주님에게로

주여, 나에게 열어주소서."(하워드 트루만)

오, 주 예수 그리스도시여
내 눈을 활짝 열어주시어
일상에서 언제나 주님을 보게 하소서.

예수님의 이름으로 기도합니다. 아멘.

나의 기도

말씀

너희가 전에는 어둠이더니 이제는 주 안에서 빛이라 빛의 자녀들처럼 행하라
빛의 열매는 모든 착함과 의로움과 진실함에 있느니라(엡 5:8-9)

찬양

옳은 길 따르라 의의 길을 세계 만민의 참된 길
이 길 따라서 살기를 온 세계에 전하세 만백성이 나갈 길
어둔 밤 지나고 동튼다 환한 빛 보아라 저 빛
주 예수의 나라 이 땅에 곧 오겠네 오겠네(찬 516)

샘플 기도

주기도로 드리는 회개기도 8

"작은 기도라도 마귀의 큰 시험을 이긴다."(마틴 루터)

하나님 아버지,
우리는 무지하고 연약하여 자주 죄 가운데 빠집니다.
피해야 할 유혹은 따르고
따라야 할 선함은 저버립니다.
대적해야 할 악은 취하고
택해야 할 공의는 대적합니다.

마치 돼지가 자신이 토해낸 것을 다시 삼키듯
그렇게 반복하여 유혹과 악에 빠지곤 합니다.

키리에 엘리에손, 주여 나를 불쌍히 여기소서.

오 파라클레토스 성령이시여
피해야 할 유혹은 지혜롭게 피하게 하시고
당해야 할 시험은 굳센 믿음으로 견디게 하소서.
더욱 성숙하고 견고한 빛의 자녀가 되어
모든 시험과 악을 넉넉히 이기게 하소서.

예수님의 이름으로 기도합니다. 아멘.

나의 기도

말씀

믿음의 기도는 병든 자를 구원하리니 주께서 그를 일으키시리라
혹시 죄를 범하였을지라도 사하심을 받으리라(약 5:15)

찬양

주님과 같이 내 마음 만지는 분은 없네
오랜 세월 찾아 난 알았네 내겐 주밖에 없네
주 자비 강같이 흐르고 주 손길 치료하네
고통받는 자녀 품으시니 주 밖에 없네
주님과 같이 내 마음 만지는 분은 없네
오랜 세월 찾아 난 알았네 내겐 주밖에 없네

샘플 기도

병든 자를 위한 기도

하나님 아버지,
우리의 모든 죄를 사하시고
우리의 모든 약함과 고통을 치유하시는
그 은혜와 사랑으로 인하여 감사드립니다.

키리에 엘레이손, 주여 긍휼히 여기소서.
질병으로 고통받는 이들을 돌아보시옵소서.

먼저 자신을 돌아보고 회개하게 하소서.

정결한 양심을 회복하여 새롭게 하소서.
약함이 하나님께 가까이 가는 기회가 되게 하소서.
병듦이 오히려 온전해지는 은혜가 되게 하소서.
자기 아픔만 생각지 않게 하시고
주변의 아픔도 돌아보게 하소서.
그를 돌보는 가족과 친구들에게 은혜를 베푸소서.

오 주 하나님
믿음으로 간구하는 병든 몸을 어루만지시고
치료의 손길을 펴시어 속히 고쳐주소서.

예수님의 이름으로 기도합니다. 아멘.

나의 기도

말씀

주는 나의 하나님이시니 나를 가르쳐 주의 뜻을 행하게 하소서
주의 영은 선하시니 나를 공평한 땅에 인도하소서(시 143:10)

찬양

주의 곁에 있을 때 맘이 든든하오니 주여 내가 살 동안 인도하여 주소서
주여 주여 나를 인도하소서 빠른 세상 살 동안 주여 인도하소서(찬 401)

─────────── 샘플 기도 ───────────

바른 삶을 위한 기도

"오 주님, 저의 하나님이 되어주소서.
주님 외에 다른 것을 두지 않게 하소서.
계명을 따라 하나님을 경배하며 섬기게 하소서.
사적 공적 영적으로는 진리로, 마음으로는 경외심으로
입술로는 축복을 가지고 주님을 섬기게 하소서.
권위자들을 존경과 순종으로 섬기게 하소서.
제가 맡은 자를 사랑과 열정으로 돌보게 하소서.
선으로 악을 이기고, 돈을 사랑하는 데서 자유하게 하시며
있는 것으로 족하게 하소서.
온유한 말로 진리를 말하게 하시며
탐심을 갖거나 정욕을 따라 행하지 않게 하소서.

오 주님, 제가 뱀의 머리를 상할 수 있도록 도와주소서.

저의 인생의 연한을 상고하게 하소서.

죄를 지을 수 있는 계기를 끊어 버리게 하소서.

정신을 차리고 근신하게 하소서.

게으르지 않게 하소서.

악한 자들과 어울리지 않게 하소서.

눈으로 범죄하지 않도록 언약을 맺게 하소서.

제 몸을 쳐 복종하게 하소서.

기도에 헌신하게 하소서. 회개하게 하소서.

오 주님, 제가 그릇된 허영의 길로 들어서지 않도록

제 길에 가시로 울타리를 쳐주소서.

주님과 멀어지지 않도록 재갈과 고삐로 저를 붙들어 매소서.

오 주님, 주님께 가까이 나아가게 강권하소서."(랜슬롯 앤드류스)

예수님의 이름으로 기도합니다. 아멘.

나의 기도

말씀

또 내가 들으니 허다한 무리의 음성과도 같고
많은 물 소리와도 같고 큰 우렛소리와도 같은 소리로 이르되
할렐루야 주 우리 하나님 곧 전능하신 이가 통치하시도다(계 19:6)

찬양

먼저 그 나라와 의를 구하라 그 나라와 그 의를
그리하면 이 모든 것을 너희에게 더하시리라
할렐루야 할렐루야 할렐루야 할렐루 할렐루야

샘플 기도

주기도로 드리는 회개기도 9

"만일 제가 주님 아닌 다른 어떤 것을 구한다면
저는 늘 부족함을 느낄 것입니다.
오직 주님 안에 있을 때
저는 모든 것을 가진 것입니다."(노르위치의 줄리안)

나라와 권세와 영광이 아버지에게서 나오고
모든 것이 아버지의 것입니다.

하오나 우리는 미련하고 악하여
내 나라 내 권세 내 영광을 위해 삽니다.
결국은 다 잃어버리고 빼앗기고 나서야

후회하고 탄식하는 허무한 인생이오니
키리에 엘리에손, 주여 나를 불쌍히 여기소서.

이제 돌이켜 기도한 대로 살고자 하오니
파라클레토스 보혜사 성령이시여
언제 어디서나 나로 인해 주의 나라와 뜻이 이뤄지게 하소서.

때때로 내 뜻대로 되지 않고
악이 횡행하고, 전쟁과 재앙의 일어나지만
그럼에도 낙심하고 절망하지 않는 것은
나라와 권세와 영광이 영원히 아버지 것이기 때문입니다.

예수님의 이름으로 기도합니다. 아멘.

나의 기도

말씀

내가 고통 중에 여호와께 부르짖었더니
여호와께서 응답하시고 나를 넓은 곳에 세우셨도다(시 118:5)

찬양

나의 기도하는 것보다 더욱 응답하실 하나님
나의 생각하는 것보다 더욱 이루시는 하나님
우리 가운데 역사하신 능력대로 우리들의
간구함을 넘치도록 능히 하실 주님께
모든 영광과 존귀 찬양과 경배를 돌릴지어다
모든 영광과 존귀 찬양과 경배를 돌릴지어다

샘플 기도

고난받는 자를 위한 기도

하나님 아버지,
우리의 신음에 응답하시고
우리와 항상 함께 하신다고 말씀하신
그 약속과 은혜로 인하여 감사합니다.

키리에 엘레이손
주여, 고통 중에 있는 이를 굽어 살피소서.
고난이 왜 왔는지 자신을 돌아보는
성찰의 시간이 되게 하소서.

잘못한 것은 자백하고
십자가 은혜를 믿고 평안하게 하소서.
하나님을 가까이하는 기회가 되어
믿음이 강해지고, 인격이 성숙해지는
전인적 회복의 은혜가 있게 하소서.

오 주 하나님,
소망 가운데 끝까지 인내하여
우리를 사랑하시는 이로 말미암아
모든 것을 넉넉히 이기게 하소서.

예수님의 이름으로 기도합니다. 아멘.

나의 기도

제31일 정오의 기도

말씀

너는 마음을 다하여 여호와를 신뢰하고 네 명철을 의지하지 말라
너는 범사에 그를 인정하라 그리하면 네 길을 지도하시리라(잠 3:5-6)

찬양

주의 음성을 내가 들으니 사랑한단 말일세
믿는 맘으로 주께 가오니 나를 영접하소서
내가 매일 십자가 앞에 더 가까이 가오니
구세주 흘린 보배 피로써 나를 정케 하소서(찬 540)

― 샘플 기도 ―

주의 일을 위한 기도

오 주 하나님,
사람의 일이 아니라
진정 주의 일하기를 원합니다.

주의 음성을 들을 수 있도록 가난한 마음을 주소서.
주의 뜻을 알 수 있도록 지혜의 마음을 주소서.
주의 길을 따르도록 믿음의 마음을 주소서.
주의 진리로만 행하도록 사랑의 마음을 주소서.

성령 하나님보다 앞서지 않게 하시고
성령을 무시하지 않게 하시고

성령을 슬프게 하지 않게 하시고
언제든 먼저 고요함 속에서 주님을 만나게 하소서.
무엇에든지 '아멘'으로 즐겨 순종하게 하소서.

예수님의 이름으로 기도합니다. 아멘.

나의 기도

제31일 밤의 기도

말씀

또 기도할 때에 이방인과 같이 중언부언하지 말라
그들은 말을 많이 하여야 들으실 줄 생각하느니라(마 6:7)

찬양

예수를 만난 자 새로이 눈뜨고 예수를 아는 자 그 말씀 들으리
예수를 따르는 자 어느 곳에 있어도 주의 은혜를 담대히 선포하리라
주님의 뜻대로 살아낸 만큼 자유를 얻으리 살아낸 만큼
예수의 맘으로 사랑한 만큼 평안을 얻으리 사랑한 만큼

샘플 기도

주기도로 드리는 회개기도 10

"항상 주기도로 기도하라. 주기도보다 더 좋은 기도는 없다."(장 칼뱅)

하늘에 계신 우리 아버지,
하나님을 아버지라 하면서도 따르지 않았습니다. 키리에 엘레이손.
아버지의 이름을 거룩하게 하시며,
아버지의 이름을 더럽히고 땅에 떨어뜨렸습니다. 키리에 엘레이손.
아버지의 나라가 오게 하시며,
아버지 나라는 뒷전이고 내 나라에 몰두했습니다. 키리에 엘레이손.
아버지의 뜻이 하늘에서와 같이 땅에서도 이루어지게 하소서.
내 뜻을 구하며 아버지의 뜻에 순종하지 않았습니다. 키리에 엘레이손.
오늘 우리에게 일용할 양식을 주시고,

주신 양식에 자족하지 않고, 나누지도 않았습니다. 키리에 엘레이손.
우리가 우리에게 잘못한 사람을 용서하여 준 것 같이,
용서하기보다는 미워하고, 비난했습니다. 키리에 엘레이손.
우리 죄를 용서하여 주시고
죄를 용서 받았으나 여전히 반복하여 죄를 짓습니다. 키리에 엘레이손.
우리를 시험에 빠지지 않게 하시고, 악에서 구하소서.
악에서 보호하셨건만 그 인도를 따르지 않았습니다. 키리에 엘레이손.
나라와 권능과 영광이 영원히 아버지의 것입니다.
내 나라 내 권세 내 영광을 구하며 살았습니다. 키리에 엘레이손.
아멘.
믿지 않고 기도한 대로 살지 못하고 있습니다. 키리에 엘레이손.

파라클레토스 보혜사 성령이시여
주기도로 기도하고, 그대로 살게 하시어
나로 인하여 주의 나라 주의 뜻 이뤄지게 하소서.
예수님의 이름으로 기도합니다. 아멘.

나의 기도

때마다 시마다

네 마디
항시기도와
식사기도

항시기도 1

이 고백은 하나님과 나의 관계를 재확인하는 기도이다.
전능하신 창조주요 구원자이신 하나님을 오늘 나의 아버지로 믿고 부르는 것이다.
일상 중에 내 마음의 상태에 따라 사랑, 감사, 소원, 필요,
탄원, 아픔, 실망, 두려움, 분노, 원한을 이어서 아뢴다.

샘플 기도

"하나님 아버지, 사랑합니다.
창조주, 구원자이신 하나님이
나의 아버지 되시니 걱정 없습니다."

"오, 하나님 아버지! 두렵습니다.
독생자 아들도 아낌없이 내어주신 사랑으로
나를 지키소서. 나를 돌보소서."

"하나님 아버지시여,
나는 연약하오니
아버지의 거룩한 성품을 닮게 하시고,
그 선하신 뜻대로 나를 사용하소서."

"하나님 아버지,
나 아파요, 힘들어요, 어려워요."

"오, 하나님 아버지
사랑합니다. 경배합니다.
아버지, 채워주소서."

"하나님 아버지!
오직 하나님만이 나의 힘이요
나의 구원입니다.
나는 하나님의 자녀입니다."

나의 기도

"키리에 엘레이손."(눅 18:38)

키리에는 "주님", 엘레이손은 "나를 불쌍히 여기소서"라는 뜻이다.
이 기도는 나의 연약함, 한계, 죄성, 잘못, 실수, 죄악, 부정적인 마음 등을
가난한 마음으로 아뢰고, 주님의 자비와 긍휼을 구하는 것이다.
온종일 주님의 긍휼이 필요할 때마다 쉬지 않고 끊임없이 읊조린다.

샘플 기도

"오, 키리에 엘레이손.
주여 나를 불쌍히 여기소서."

"나는 우울합니다.
키리에 엘레이손."

"나는 죄인입니다.
키리에 엘레이손."

"키리에 엘레이손.
주여 또 실수합니다.
자비를 베푸소서."

"주님, 저는 연약합니다.
키리에 엘레이손."

"나는 어리석사오니,
키리에 엘레이손
주여 나를 긍휼히 여기시고
나를 구원하소서."

나의 기도

"파라클레토스."(요 14:16)

파라클레토스는 보혜사(대언자, 보호자, 협조자)라는 의미이다.
내 안에 거하시는 그리스도의 영, 성령 하나님을 인지하고,
항상 나와 함께 하시는 임마누엘 하나님께 감사하며 사랑을 표현하는 것이다.
이 기도를 통하여 성령 임재, 성령세례, 성령 충만, 성령 은사, 성령의 열매,
성령의 인도를 구하며 때마다 시마다 성령님을 의지하고 동행한다.

✦ ───── ⟨ 샘플 기도 ⟩ ─────

"오, 파라클레토스
성령님, 사랑합니다.
항상 내 안에 거하시며
주님께로 인도하시니 감사합니다."

"오, 파라클레토스 성령 하나님
나는 무지합니다.
오셔서 나를 가르치사 진리로 인도하소서."

"오 파라클레토스 성령이시여, 임하소서.
은사로 임하시어 주의 일을 잘 감당하게 하소서.
열매로 임하시어 그리스도의 성품을 나타나게 하소서.
충만히 임하시어 내가 생각하고 구하는 모든 일이
주의 뜻, 주의 나라를 이루게 하소서."

"파라클레토스 성령 하나님
내 상한 마음에 임하소서.
위로하시고 평안하게 하소서.
어떤 시련과 고난도 능히 이기게 하소서."

"파라클레토스 성령님, 사랑합니다.
비둘기같이 온유한 은혜를 내려주셔서
나의 거친 마음 어루만지시고
위로와 평화를 채워주소서."

나의 기도

"예수 그리스도."(마 1:18)

이 고백을 통해 우리는 내 인생의 주인이요
구원자가 누구이신지를 다시 확인하게 된다.
예수 그리스도께서 나의 주, 나의 구원자이심을 고백하며 사랑과 감사를 표현하고,
주님의 구속 사건(탄생, 생애, 십자가, 부활, 승천, 재림)을 되새기며,
오늘의 일상이 은혜 가운데 있기를 구하는 것이다.
예수 그리스도께서 나의 구원자이시다. 세상에 다른 이는 없다.

샘플 기도

"오 예수 그리스도시여,
사랑합니다. 감사합니다.
주만이 나의 주 하나님 구원자이십니다."

"예수 그리스도시여
주님 밖에는 나의 도움이 없습니다.
주님은 나의 피난처 나의 구원이십니다."

"예수 그리스도
주님은 세상의 빛이십니다.
주님은 생명의 떡이십니다.
주님은 길이요 진리요 생명이십니다.
주님은 양의 문이십니다.
주님은 선한 목자이십니다.

주님은 포도나무요 나는 가지입니다.
주 안에 내 기쁨이 있고
주 안에서만 내가 살 수 있나이다."

"오, 예수 그리스도!
임마누엘 주님이시여
나와 항상 함께 하소서."

"예수 그리스도시여
성육신하신 주님의 그 겸손을 품고 싶습니다.
십자가를 기꺼이 지신 그 복종을 따르고 싶습니다.
부활로 세상을 이기신 그 능력으로 살기 원합니다.
예수는 나의 힘이요 내 생명이십니다."

나의 기도

하나님 아버지,
먹을 음식과 먹을 수 있는 건강 주심에 감사합니다.

은혜로 준비된 식탁이오니
그날의 엠마오 만찬처럼 축복하소서.
함께 먹고 마심이 기쁨과 감사의 사귐이 되게 하시고
영, 혼, 몸이 치유 회복되는 성찬이 되게 하소서.

주께서 밥 되어 우리를 살리신 것처럼
우리도 이 밥 먹고 이웃을 살리기 원합니다.
온유하고 겸손한 마음으로
충실하게 섬기며 살고자 하오니
속사람을 강건케 하시어 뜻대로 사용하소서.
감사로 맛있게 먹겠습니다.

예수님의 이름으로 기도합니다. 아멘.

"한 방울의 물에도 천지의 은혜가 숨어있고
한 톨의 곡식에도 만인의 땀이 담겨있습니다.

이 땅의 밥으로 오셔서
우리의 밥이 되어
우리를 살리신 예수 그리스도를 본받아
우리도 이 밥 먹고 밥이 되어
다양성 안에서 일치를 추구하는 삶을 살겠습니다.

밥상을 베푸신 하나님 은혜에 감사드리며
맑은 마음
밝은 얼굴
굳센 믿음
바른 삶으로
이웃을 살리는 삶이기를 다짐하며
감사히 진지를 들겠습니다." (다일공동체 식사기도문)

예수님의 이름으로 기도합니다. 아멘.

"복이 있도다!
복이 있도다!
복이 있도다!
모든 식탁마다 계신 그리스도
내 곁에 계시고
내 뒤에 계시고
내 사방에 계시다.

이 빵을 나눔 속에 계시도다."(켈트 기도문)

예수님의 이름으로 기도합니다. 아멘.